Richard Wagner

Ein deutscher Musiker in Paris

Eine Pilgerfahrt zu Beethoven
und andere Novellen und Aufsätze

Richard Wagner: Ein deutscher Musiker in Paris. Eine Pilgerfahrt zu Beethoven und andere Novellen und Aufsätze

Enstanden 1840 und 1841. Hier nach: Richard Wagner: Sämtliche Schriften und Dichtungen. Band 1, Leipzig: Breitkopf und Härtel, o.J. [1911]. Die Eigentümlichkeit der Orthographie wurde bei der vorliegenden Ausgabe beibehalten.

Vollständige Neuausgabe mit einer Biographie des Autors
Herausgegeben von Karl-Maria Guth
Berlin 2015

Umschlaggestaltung von Thomas Schultz-Overhage

Gesetzt aus Minion Pro, 11 pt

Die Sammlung Hofenberg erscheint im
Verlag der Contumax GmbH & Co. KG, Berlin
Herstellung: BoD – Books on Demand, Norderstedt

ISBN 978-3-8430-4825-5

Bibliografische Information der Deutschen Nationalbibliothek

Die Deutsche Nationalbibliothek verzeichnet diese Publikation in der Deutschen Nationalbibliografie; detaillierte bibliografische Daten sind im Internet über www.dnb.de abrufbar.

Inhalt

Ein deutscher Musiker in Paris 4

1. Eine Pilgerfahrt zu Beethoven 5

2. Ein Ende in Paris 27

3. Ein glücklicher Abend 48

4. Über deutsches Musikwesen 60

5. Der Virtuos und der Künstler 76

6. Der Künstler und die Öffentlichkeit 89

7. Rossini's »Stabat mater« 95

Biographie 102

Kurz nach dem bescheidenen Leichenbegängnisse meines unlängst in Paris verstorbenen Freundes R... hatte ich mich hingesetzt und des Hingeschiedenen Wunsche gemäß die kurze Geschichte seiner Leiden in dieser glänzenden Weltstadt niedergeschrieben, als mir unter seinen hinterlassenen Papieren, aus denen ich schließlich einige vollständige Aufsätze mitzutheilen beabsichtige, die mit ziemlicher Liebe ausgesponnene Erzählung seiner Reise nach Wien und seines Besuches bei Beethoven in die Hände kam. Ich fand darin einen wunderlichen Zusammenhang mit dem, was ich soeben aufgezeichnet hatte. Dieser bestimmte mich besonders, dieses Stück seines Tagebuchs dem von mir verfaßten Berichte über das traurige Ende meines Freundes hier vorangehen zu lassen, da es eine frühere Periode aus dem Leben desselben bezeichnet und zumal im Stande sein wird, im Voraus einiges Interesse für den Verstorbenen zu erwecken.

1. Eine Pilgerfahrt zu Beethoven

Noth und Sorge, du Schutzgöttin des deutschen Musikers, falls er nicht etwa Kapellmeister eines Hoftheaters geworden ist, – Noth und Sorge, deiner sei auch bei dieser Erinnerung aus meinem Leben sogleich die erste rühmendste Erwähnung gethan! Laß dich besingen, du standhafte Gefährtin meines Lebens! Du hieltest treu zu mir und hast mich nie verlassen, lächelnde Glückswechsel hast du stets mit starker Hand von mir abgewehrt, hast mich stets gegen Fortunens lästige Sonnenblicke beschützt! Mit schwarzem Schatten hast du mir stets die eitlen Güter dieser Erde verhüllt: habe Dank für deine unermüdliche Anhänglichkeit! Aber kann es sein, so suche dir mit der Zeit einmal einen andern Schützling, denn bloß der Neugierde wegen möchte ich gern einmal erfahren, wie es sich auch *ohne* dich leben ließe. Zum wenigsten bitte ich dich, ganz besonders unsere politischen Schwärmer zu plagen, die Wahnsinnigen, die Deutschland mit aller Gewalt unter ein Szepter vereinigen wollen: – es würde ja dann nur ein einziges Hoftheater, somit nur eine einzige Kapellmeisterstelle geben! Was sollte dann aus meinen Aussichten, aus meinen einzigen Hoffnungen werden, die schon jetzt nur bleich und matt vor mir schweben, jetzt – wo es doch der deutschen Hoftheater so viele giebt? – Jedoch – ich sehe, ich werde frevelhaft. Verzeih', o Schutzgöttin, den soeben ausgesprochenen, vermessenen Wunsch! Du kennst aber mein Herz, und weißt, wie ich dir ergeben bin, und ergeben bleiben werde, selbst wenn es in Deutschland tausend Hoftheater geben würde! Amen!

– Vor diesem meinem täglichen Gebete beginne ich nichts, also auch nicht die Aufzeichnung meiner Pilgerfahrt zu Beethoven.

Für den Fall, daß dieses wichtige Aktenstück nach meinem Tode veröffentlicht werden dürfte, halte ich es aber auch noch für nöthig, zu sagen, wer ich bin, weil ohne dies vielleicht Vieles darin unverständlich bleiben könnte. Wisset daher, Welt und Testaments-Vollstrecker!

Eine mittelmäßige Stadt des mittleren Deutschlands ist meine Vaterstadt. Ich weiß nicht recht, wozu man mich eigentlich bestimmt hatte, nur entsinne ich mich, daß ich eines Abends zum ersten Male eine Beethoven'sche Symphonie aufführen hörte, daß ich darauf Fieber bekam, krank wurde, und als ich wieder genesen, Musiker geworden war. Aus diesem Umstande mag es wohl kommen, daß, wenn ich mit der Zeit wohl auch andere schöne Musik kennen lernte, ich doch Beethoven vor

Allem liebte, verehrte und anbetete. Ich kannte keine Luft mehr, als mich so ganz in die Tiefe dieses Genius zu versenken, bis ich mir endlich einbildete, ein Theil desselben geworden zu sein, und als dieser kleinste Theil fing ich an, mich selbst zu achten, höhere Begriffe und Ansichten zu bekommen, kurz das zu werden, was die Gescheidten gewöhnlich einen Narren nennen. Mein Wahnsinn war aber sehr gutmüthiger Art, und schadete Niemandem; das Brod, was ich in diesem Zustande aß, war sehr trocken, und der Trank, den ich trank, sehr wässerig, denn Stundengeben wirft bei uns nicht viel ab, verehrte Welt und Testaments-Vollstrecker!

So lebte ich einige Zeit in meinem Dachstübchen, als mir eines Tages einfiel, daß der Mann, dessen Schöpfungen ich über Alles verehrte, ja noch *lebe*. Es war mir unbegreiflich, bis dahin noch nicht daran gedacht zu haben. Mir war nicht eingefallen, daß Beethoven vorhanden sein, daß er Brod essen und Luft athmen könne, wie unser Eins; dieser Beethoven lebte ja aber in Wien, und war auch ein armer, deutscher Musiker!

Nun war es um meine Ruhe geschehen! Alle meine Gedanken wurden zu dem einen Wunsch: *Beethoven zu sehen!* Kein Muselmann verlangte gläubiger, nach dem Grabe seines Propheten zu wallfahrten, als ich nach dem Stübchen, in dem Beethoven wohnte.

Wie aber es anfangen, um mein Vorhaben ausführen zu können? Nach Wien war eine große Reise, und es bedurfte Geld dazu; ich Armer gewann aber kaum, um das Leben zu fristen! Da mußte ich denn außerordentliche Mittel ersinnen, um mir das nöthige Reisegeld zu verschaffen. Einige Klavier-Sonaten, die ich nach dem Vorbilde des Meisters komponirt hatte, trug ich hin zum Verleger, der Mann machte mir mit wenigen Worten klar, daß ich ein Narr sei mit meinen Sonaten; er gab mir aber den Rath, daß, wollte ich mit der Zeit durch Kompositionen ein Paar Thaler verdienen, ich anfangen sollte, durch Galopps und Potpourris mir ein kleines Renommee zu machen. - Ich schauderte; aber meine Sehnsucht, Beethoven zu sehen, siegte; ich komponirte Galopps und Potpourris, konnte aber in dieser Zeit aus Scham mich nie überwinden, einen Blick auf Beethoven zu werfen, denn ich fürchtete ihn zu entweihen.

Zu meinem Unglück bekam ich aber diese ersten Opfer meiner Unschuld noch gar nicht einmal bezahlt, denn mein Verleger erklärte mir, daß ich mir erst einen kleinen Namen machen müßte. Ich schauderte wiederum und fiel in Verzweiflung. Diese Verzweiflung brachte aber einige vortreffliche Galopps hervor. Wirklich erhielt ich Geld dafür, und endlich glaubte ich genug gesammelt zu haben, um damit mein Vorhaben auszuführen. Darüber waren aber zwei Jahre vergangen, während ich immer befürchtete, Beethoven könne sterben, ehe ich mir durch Galopps und Potpourris einen Namen gemacht habe. Gott sei Dank, er hatte den Glanz meines Namens erlebt! – Heiliger Beethoven, vergieb mir dieses Renommée, es ward erworben, um dich sehen zu können!

Ha, welche Wonne! Mein Ziel war erreicht! Wer war seliger als ich! Ich konnte mein Bündel schnüren und zu Beethoven wandern. Ein heiliger Schauer erfaßte mich, als ich zum Thore hinausschritt und mich dem Süden zuwandte! Gern hätte ich mich wohl in eine Diligence gesetzt, nicht weil ich die Strapaze des Fußgehens scheute – (o, welche Mühseligkeiten hätte ich nicht freudig für dieses Ziel ertragen!) – sondern weil ich auf diese Art schneller zu Beethoven gelangt wäre. Um aber Fuhrlohn zahlen zu können, hatte ich noch zu wenig für meinen Ruf als Galoppkomponist gethan. Somit ertrug ich alle Beschwerden und pries mich glücklich, so weit zu sein, daß sie mich an's Ziel führen konnten. O, was schwärmte ich, was träumte ich! Kein Liebender konnte seliger sein, der nach langer Trennung zur Geliebten seiner Jugend zurückkehrt. –

So zog ich in das schöne Böhmen ein, das Land der Harfenspieler und Straßensänger. In einem kleinen Städtchen traf ich auf eine Gesellschaft reisender Musikanten; sie bildeten ein kleines Orchester, zusammengesetzt aus einem Baß, zwei Violinen, zwei Hörnern, einer Klarinette und einer Flöte; außerdem gab es eine Harfnerin und zwei Sängerinnen mit schönen Stimmen. Sie spielten Tänze und sangen Lieder; man gab ihnen Geld und sie wanderten weiter. Auf einem schönen schattigen Plätzchen neben der Landstraße traf ich sie wieder an; sie hatten sich da gelagert und hielten ihre Mahlzeit. Ich gesellte mich zu ihnen, sagte, daß ich auch ein wandernder Musiker sei, und bald wurden wir Freunde. Da sie Tänze spielten, frug ich sie schüchtern, ob sie auch meine Galopps schon spielten? Die Herrlichen! Sie kannten meine Galopps nicht! O, wie mir das wohl that!

Ich frug, ob sie nicht auch andere Musik als Tanzmusik machten? »Ei wohl«, antworteten sie, »aber nur für uns, und nicht vor den vornehmen Leuten.« – Sie packten ihre Musikalien aus – ich erblickte das große Septuor von Beethoven; staunend frug ich, ob sie auch dies spielten?

»Warum nicht?« – entgegnete der Älteste; – »Joseph hat eine böse Hand und kann jetzt nicht die zweite Violine spielen, sonst wollten wir uns gleich damit eine Freude machen.«

Außer mir, ergriff ich sogleich die Violine Joseph's, versprach ihn nach Kräften zu ersetzen, und wir begannen das Septuor.

O, welches Entzücken! Hier, an einer böhmischen Landstraße, unter freiem Himmel das Beethoven'sche Septuor von Tanzmusikanten, mit einer Reinheit, einer Präzision und einem so tiefen Gefühle vorgetragen, wie selten von den meisterhaftesten Virtuosen! – Großer Beethoven, wir brachten dir ein würdiges Opfer!

Wir waren soeben im Finale, als – die Chaussee bog sich an dieser Stelle bergauf – ein eleganter Reisewagen langsam und geräuschlos herankam, und endlich dicht bei uns still hielt. Ein erstaunlich langer und erstaunlich blonder junger Mann lag im Wagen ausgestreckt, hörte unserer Musik mit ziemlicher Aufmerksamkeit zu, zog eine Brieftasche hervor und notirte einige Worte. Darauf ließ er ein Goldstück aus dem Wagen fallen, und weiter fortfahren, indem er zu seinem Bedienten wenige englische Worte sprach, woraus mir erhellte, daß dieß ein Engländer sein müsse.

Dieser Vorfall verstimmte uns; zum Glück waren wir mit dem Vortrage des Septuors fertig. Ich umarmte meine Freunde und wollte sie begleiten, sie aber erklärten, daß sie von hier aus die Landstraße verlassen und einen Feldweg einschlagen würden, um für dießmal zu ihrem Heimathsdorfe zurückzukehren. Hätte nicht Beethoven selbst meiner gewartet, ich würde sie gewiß auch dahin begleitet haben. So aber trennten wir uns gerührt und schieden. Später fiel mir auf, daß Niemand das Goldstück des Engländers aufgehoben hatte. –

Im nächsten Gasthof, wo ich einkehrte, um meine Glieder zu stärken, saß der Engländer bei einem guten Mahle. Er betrachtete mich lange; endlich sprach er mich in einem passabeln Deutsch an.

»Wo sind Ihre Kollegen?« frug er.

»Nach ihrer Heimath«, sagte ich.

»Nehmen Sie Ihre Violine, und spielen Sie noch etwas« – fuhr er fort – »hier ist Geld!«

Das verdroß mich; ich erklärte, daß ich nicht für Geld spielte, außerdem auch keine Violine hätte, und setzte ihm kurz auseinander, wie ich mit jenen Musikanten zusammengetroffen war.

»Das waren gute Musikanten« – versetzte der Engländer – »und die Symphonie von Beethoven war auch sehr gut.«

Diese Äußerung frappirte mich; ich frug ihn, ob er Musik treibe?

»*Yes*« – antwortete er – »ich spiele zweimal in der Woche die Flöte, Donnerstags blase ich Waldhorn, und Sonntags komponire ich.«

Das war viel; ich erstaunte. – In meinem Leben hatte ich nichts von reisenden englischen Musikern gehört; ich fand daher, daß sie sich sehr gut stehen müßten, wenn sie in so schönen Equipagen ihre Wanderungen ausführen könnten. – Ich frug, ob er Musiker von Profession sei?

Lange erhielt ich gar keine Antwort; endlich brachte er sehr langsam hervor, daß er viel Geld habe.

Mein Irrthum wurde mir einleuchtend, denn ich hatte ihn jedenfalls mit meiner Frage beleidigt. Verlegen schwieg ich, und verzehrte mein einfaches Mahl.

Der Engländer, der mich abermals lange betrachtet hatte, begann aber wieder. »Kennen Sie Beethoven?« – frug er mich.

Ich entgegnete, daß ich noch nie in Wien gewesen sei, und jetzt eben im Begriff stehe, dahin zu wandern, um die heißeste Sehnsucht zu befriedigen, die ich hege, den angebeteten Meister zu sehen.

»Das ist nicht weit! Ich komme von England, und will auch Beethoven kennen lernen. Wir werden Beide ihn kennen lernen; er ist ein sehr berühmter Komponist.« –

Welch' wunderliches Zusammentreffen! – dachte ich bei mir. Hoher Meister, wie Verschiedene ziehst du nicht an! Zu Fuß und zu Wagen wandert man zu dir! – Mein Engländer interessirte mich; ich gestehe aber, daß ich ihn seiner Equipage wegen wenig beneidete. Es war mir, als wäre meine mühselige Pilgerfahrt zu Fuße heiliger und frömmer, und ihr Ziel müßte mich mehr beglücken, als Jenen, der in Stolz und Hoffahrt dahin zog.

Da blies der Postillon; der Engländer fuhr fort, nachdem er mir zugerufen, er würde Beethoven eher sehen als ich.

Ich war kaum einige Stunden zu Fuße gefolgt, als ich ihn unerwartet wieder antraf. Es war auf der Landstraße. Ein Rad seines Wagens war gebrochen; mit majestätischer Ruhe saß er aber noch darin, sein Bedienter hinten auf, trotzdem daß der Wagen ganz auf der Seite hing. Ich erfuhr, daß man den Postillon zurückerwartete, der nach einem ziemlich entfernten Dorf gelaufen sei, um einen Schmied herbeizuschaffen. Man hatte schon lange gewartet; da der Bediente nur englisch sprach, entschloß ich mich, selbst nach dem Dorfe zu gehen, um Postillon und Schmied anzutreiben. Wirklich traf ich den erstern in einer Schenke, wo er beim Branntwein sich nicht sonderlich um den Engländer kümmerte; doch brachte ich ihn mit dem Schmied bald zu dem zerbrochenen Wagen zurück. Der Schade war geheilt; der Engländer versprach mir, mich bei Beethoven anzumelden, und – fuhr davon.

Wie sehr war ich verwundert, als ich am folgenden Tage ihn wiederum auf der Landstraße antraf! Dießmal aber ohne zerbrochenem Rad, hielt er ganz ruhig mitten auf dem Wege, las in einem Buche, und schien zufrieden zu sein, als er mich meines Weges daher kommen sah.

»Ich habe hier schon sehr viele Stunden gewartet«, sagte er, »weil mir hier eingefallen ist, daß ich Unrecht gethan habe, Sie nicht einzuladen, mit mir zu Beethoven zu fahren. Das Fahren ist viel besser als das Gehen. Kommen Sie in den Wagen.«

Ich war abermals erstaunt. Eine kurze Zeit schwankte ich wirklich, ob ich sein Anerbieten nicht annehmen sollte; bald aber erinnerte ich mich des Gelübdes, das ich gestern gethan hatte, als ich den Engländer dahin rollen sah: ich hatte mir gelobt, unter allen Umständen meine Pilgerschaft zu Fuß zu wallen. Ich erklärte das laut. Jetzt erstaunte der Engländer; er konnte mich nicht begreifen. Er wiederholte sein Anerbieten, und daß er schon viele Stunden auf mich gewartet habe, obgleich er im Nachtquartier durch die gründliche Reparatur des zerbrochenen Rades sehr lange aufgehalten worden sei. Ich blieb fest, und er fuhr verwundert davon.

Eigentlich hatte ich eine geheime Abneigung gegen ihn, denn es drang sich mir wie eine düstere Ahnung auf, daß mir dieser Engländer großen Verdruß anrichten würde. Zudem kam mir seine Verehrung Beethoven's, sowie sein Vorhaben, ihn kennen zu lernen, mehr wie die geckenhafte Grille eines reichen Gentleman's als das tiefe, innige Bedürfniß einer enthusiastischen Seele vor. Deshalb wollte ich ihn lieber fliehen, um durch eine Gemeinschaft mit ihm meine fromme Sehnsucht nicht zu entweihen.

Aber als ob mich mein Geschick darauf vorbereiten wollte, in welchen gefährlichen Zusammenhang ich mit diesem Gentleman noch gerathen sollte, traf ich ihn am Abend desselben Tages abermals, vor einem Gasthofe haltend und, wie es schien, mich erwartend. Denn er saß rückwärts in seinem Wagen, und sah die Straße zurück mir entgegen.

»Sir«, – redete er mich an, – »ich habe wieder sehr viele Stunden auf
Sie gewartet. Wollen Sie mit mir zu Beethoven fahren?«

Dießmal mischte sich zu meinem Erstaunen ein heimliches Grauen.
Diese auffallende Beharrlichkeit, mir zu dienen, konnte ich mir unmöglich anders erklären, als daß der Engländer, meine wachsende Abneigung
gegen sich gewahrend, mir zu meinem Verderben sich aufdrängen
wollte. Mit unverhaltenem Verdrusse schlug ich abermals sein Anerbieten
aus. Da rief er stolz:

»Goddam, Sie schätzen Beethoven wenig. Ich werde ihn bald sehen!«
Eilig flog er davon. –

Dießmal war es wirklich das letzte Mal, daß ich auf dem noch langen
Wege nach Wien mit diesem Inselsohne zusammentraf. Endlich betrat
ich die Straßen Wien's; das Ende meiner Pilgerfahrt war erreicht. Mit
welchen Gefühlen zog ich in dieses Mekka meines Glaubens ein! Alle
Mühseligkeiten der langen und beschwerlichen Wanderschaft waren
vergessen; ich war am Ziele, in den Mauern, die Beethoven umschlossen.

Ich war zu tief bewegt, um sogleich an die Ausführung meiner Absicht
denken zu können. Zunächst erkundigte ich mich zwar nach der Wohnung Beethoven's, jedoch nur um mich in dessen Nähe einzulogiren.
Ziemlich gegenüber dem Hause, in welchem der Meister wohnte, befand
sich ein nicht zu vornehmer Gasthof; ich miethete mir ein kleines
Kämmerchen im fünften Stock desselben, und dort bereitete ich mich
nun auf das größte Ereigniß meines Lebens, auf einen Besuch bei Beethoven vor.

Nachdem ich zwei Tage ausgeruht, gefastet und gebetet, Wien aber
noch mit keinem Blick näher betrachtet hatte, faßte ich denn Muth,
verließ meinen Gasthof, und ging schräg gegenüber in das merkwürdige
Haus. Man sagte mir, Herr Beethoven sei nicht zugegen. Das war mir
gerade recht; denn ich gewann Zeit, um mich von Neuem zu sammeln.
Da mir aber den Tag über noch viermal derselbe Bescheid, und zwar
mit einem gewissen gesteigerten Tone gegeben ward, hielt ich diesen
Tag für einen Unglückstag, und gab mismuthig meinen Besuch auf.

Als ich zu meinem Gasthof zurückwanderte, grüßte mir aus dem ersten
Stocke desselben mein Engländer ziemlich leutselig entgegen.

»Haben Sie Beethoven gesehen?« rief er mir zu.

»Noch nicht: er war nicht anzutreffen«, entgegnete ich, verwundert
über mein abermaliges Zusammentreffen mit ihm. Auf der Treppe be-
gegnete er mir, und nöthigte mich mit auffallender Freundlichkeit in

sein Zimmer. »Mein Herr,« sagte er, »ich habe Sie heute schon fünf Mal in Beethoven's Haus gehen sehen. Ich bin schon viele Tage hier, und habe in diesem garstigen Hôtel Quartier genommen, um Beethoven nahe zu sein. Glauben Sie mir, es ist sehr schwer Beethoven zu sprechen; dieser Gentleman hat sehr viele Launen. Ich bin im Anfange sechs Mal zu ihm gegangen, und bin stets zurückgewiesen worden. Jetzt stehe ich sehr früh auf, und setze mich bis spät Abends an das Fenster, um zu sehen, wann Beethoven ausgeht. Der Gentleman scheint aber nie auszugehen.«

»So glauben Sie, Beethoven sei auch heute zu Hause gewesen, und habe mich abweisen lassen?« rief ich bestürzt.

»Versteht sich, Sie und ich, wir sind abgewiesen. Und das ist mir sehr unangenehm, denn ich bin nicht gekommen, Wien kennen zu lernen, sondern Beethoven.«

Das war für mich eine sehr trübe Nachricht. Nichtsdestoweniger versuchte ich am andern Tage wieder mein Heil, jedoch abermals vergebens, – die Pforten des Himmels waren mir verschlossen.

Mein Engländer, der meine fruchtlosen Versuche stets mit der gespanntesten Aufmerksamkeit vom Fenster aus beobachtete, hatte nun auch durch Erkundigungen Sicherheit erhalten, daß Beethoven nicht auf die Straße heraus wohne. Er war sehr verdrießlich, aber grenzenlos beharrlich. – Dafür war meine Geduld bald verloren, denn ich hatte dazu wohl mehr Grund als er; eine Woche war allmählich verstrichen, ohne daß ich meinen Zweck erreichte, und die Einkünfte meiner Galopps erlaubten mir durchaus keinen langen Aufenthalt in Wien. Nach und nach begann ich zu verzweifeln.

Ich theilte meine Leiden dem Wirthe des Gasthofes mit. Dieser lächelte, und versprach mir den Grund meines Unglückes anzugeben, wenn ich gelobte, ihn nicht dem Engländer zu verrathen. Meinen Unstern ahnend that ich das verlangte Gelübde.

»Sehen Sie wohl«, – sagte nun der ehrliche Wirth – »es kommen hier sehr viel Engländer her, um Herrn von Beethoven zu sehen und kennen zu lernen. Dieß verdrießt aber Herrn von Beethoven sehr, und er hat eine solche Wuth gegen die Zudringlichkeit dieser Herren, daß er es jedem Fremden rein unmöglich macht, vor ihn zu gelangen. Er ist ein sonderlicher Herr, und man muß ihm dieß verzeihen. Meinem Gasthofe ist dieß aber recht zuträglich, denn er ist gewöhnlich stark von Engländern besetzt, die durch die Schwierigkeit, Herrn Beethoven zu sprechen, genöthigt sind, länger, als es sonst der Fall sein würde, meine Gäste zu sein. Da Sie jedoch versprechen, mir diese Herren nicht zu verscheuchen, so hoffe ich ein Mittel ausfindig zu machen, wie Sie an Herrn Beethoven herankommen können.«

Das war sehr erbaulich; ich kam also nicht zum Ziele, weil ich armer Teufel als Engländer passirte! O, meine Ahnung war gerechtfertigt; der Engländer war mein Verderben! – Augenblicklich wollte ich aus dem Gasthofe ziehen, denn jedenfalls wurde in Beethoven's Hause Jeder für einen Engländer gehalten, der hier logirte, und schon deßhalb war ich also im Bann. Dennoch hielt mich aber das Versprechen des Wirthes, daß er mir eine Gelegenheit verschaffen wollte, Beethoven zu sehen und zu sprechen, zurück. Der Engländer, den ich nun im Innersten verabscheute, hatte während dem allerhand Intriguen und Bestechungen angefangen, jedoch immer ohne Resultat.

So verstrichen wiederum mehrere fruchtlose Tage, während welcher der Ertrag meiner Galopps sichtlich abnahm, als mir endlich der Wirth vertraute, daß ich Beethoven nicht verfehlen könnte, wenn ich mich in einen gewissen Biergarten begeben wollte, wo dieser sich fast täglich zu einer bestimmten Stunde einzufinden pflege. Zugleich erhielt ich von meinem Rathgeber unfehlbare Nachweisungen über die Persönlichkeit des großen Meisters, die es mir möglich machen sollten, ihn zu erkennen. Ich lebte auf und beschloß, mein Glück nicht auf morgen zu verschieben. Es war mir unmöglich, Beethoven beim Ausgehen anzutreffen, da er sein Haus stets durch eine Hinterthür verließ; somit blieb mir nichts übrig, als der Biergarten. Leider suchte ich den Meister aber sowohl an diesem, als an den nächstfolgenden zwei Tagen dort vergebens auf. Endlich am vierten, als ich wiederum zur bestimmten Stunde meine Schritte dem verhängnißvollen Biergarten zuwandte, mußte ich zu meiner Verzweiflung gewahr werden, daß mich der Engländer vorsichtig und bedächtig von fern verfolgte. Der Unglückliche, fortwährend an sein Fenster postirt, hatte es sich nicht entgehen lassen, daß ich täglich zu einer gewissen Zeit nach derselben Richtung hin ausging; dieß hatte ihn frappirt, und sogleich vermuthend, daß ich eine Spur entdeckt habe, Beethoven aufzusuchen, hatte er beschlossen, aus dieser meiner vermuthlichen Entdeckung Vortheil zu ziehen. Er erzählte mir alles dieß mit der größten Unbefangenheit, und erklärte zugleich, daß er mir überall hin folgen wollte. Vergebens war mein Bemühen, ihn zu hintergehen und glauben zu machen, daß ich einzig vorhabe, zu meiner Erholung einen gemeinen Biergarten zu besuchen, der viel zu unfashionabel sei, um von Gentleman's seines Gleichen beachtet zu werden; er blieb unerschütterlich bei seinem Entschlusse, und ich hatte mein Geschick zu verfluchen. Endlich versuchte ich Unhöflichkeit, und suchte ihn durch Grobheit von mir zu entfernen; weit davon aber, sich dadurch aufbringen zu lassen, begnügte er sich mit einem sanften Lächeln. Seine fixe Idee war: Beethoven zu sehen, – alles Übrige kümmerte ihn nicht.

Und in Wahrheit, diesen Tag sollte es geschehen, daß ich endlich zum ersten Male den großen Beethoven zu Gesicht bekam. Nichts vermag meine Hingerissenheit, zugleich aber auch meine Wuth zu schildern, als ich, an der Seite meines Gentleman's sitzend, den Mann sich nähern sah, dessen Haltung und Aussehen vollständig der Schilderung entsprachen, die mir mein Wirth von dem Äußern des Meisters entworfen hatte. Der lange, blaue Überrock, das verworrene, struppige graue Haar, dazu aber die Mienen, der Ausdruck des Gesichts, wie sie nach einem guten Portrait lange meiner Einbildungskraft vorgeschwebt hatten. Hier war ein Irrthum unmöglich: im ersten Augenblicke hatte ich ihn erkannt! Mit schnellen, kurzen Schritten kam er an uns vorbei; Überraschung und Ehrfurcht fesselten meine Sinne.

Der Engländer verlor keine meiner Bewegungen; mit neugierigem Blicke beobachtete er den Ankömmling, der sich in die entfernteste Ecke des um diese Stunde noch unbesuchten Gartens zurückzog, Wein bringen ließ, und dann einige Zeit in einer nachdenkenden Stellung verblieb. Mein laut schlagendes Herz sagte mir: er ist es! Ich vergaß für einige Augenblicke meinen Nachbar, und betrachtete mit gierigem Auge und mit unsäglicher Bewegung den Mann, dessen Genius ausschließlich all' meine Gedanken und Gefühle beherrschte, seit ich gelernt zu denken und zu fühlen. Unwillkührlich begann ich leise vor mich hinzusprechen, und verfiel in eine Art von Monolog, der mit den nur zu bedeutsamen Worten schloß: »*Beethoven, du bist es also, den ich sehe?*«

Nichts entging meinem heillosen Nachbar, der, nahe zu mir herabgebeugt, mit verhaltenem Athem mein Flüstern belauscht hatte. Aus meiner tiefen Extase ward ich aufgeschreckt durch die Worte: »*Ves!* dieser Gentleman ist Beethoven! Kommen Sie, und stellen wir uns ihm sogleich vor!«

Voll Angst und Verdruß hielt ich den verwünschten Engländer bei'm Arme zurück.

»Was wollen Sie thun?« rief ich, – »wollen Sie uns kompromittiren – hier an diesem Orte – so ganz ohne alle Beobachtung der Schicklichkeit?«

»O« – entgegnete er – »dieß ist eine vortreffliche Gelegenheit, wir werden nicht leicht eine bessere finden.«

Damit zog er eine Art von Notenheft aus der Tasche, und wollte direkt auf den Mann im blauen Überrock losgehen. Außer mir erfaßte ich den Unsinnigen bei den Rockschößen, und rief ihm mit Heftigkeit zu: »Sind Sie des Teufels?«

Dieser Vorgang hatte die Aufmerksamkeit des Fremden auf sich gezogen. Mit einem peinlichen Gefühle schien er zu errathen, daß er der Gegenstand unserer Aufregung sei, und nachdem er hastig sein Glas geleert, erhob er sich, um fortzugehen. Kaum hatte dieß aber der Engländer gewahrt, als er sich mit solcher Gewalt von mir losriß, daß er mir einen seiner Rockschöße in der Hand zurückließ, und sich Beethoven in den Weg warf. Dieser suchte ihm auszuweichen; der Nichtswürdige kam ihm aber zuvor, machte ihm eine herrliche Verbeugung nach den Regeln der neuesten englischen Mode, und redete ihn folgendermaßen an:

»Ich habe die Ehre mich dem sehr berühmten Kompositeur und sehr ehrenwerthen Herrn Beethoven vorzustellen.«

Er hatte nicht nöthig, mehr hinzuzufügen, denn nach den ersten Worten schon hatte Beethoven, nachdem er einen Blick auf mich geworfen, sich mit einem eiligen Seitensprunge abgewandt, und war mit Blitzesschnelle aus dem Garten verschwunden. Nichtsdestoweniger war der unerschütterliche Britte eben im Begiff, dem Entflohenen nachzulaufen, als ich mich in wüthender Bewegung an den letzten seiner Rockschöße anhing. Einigermaßen verwundert hielt er an, und rief mit seltsamem Tone:

»Goddam! dieser Gentleman ist würdig, Engländer zu sein! Er ist gar ein großer Mann, und ich werde nicht säumen, seine Bekanntschaft zu machen.«

Ich blieb versteinert; dieses schauderhafte Abenteuer vernichtete mir alle Hoffnung, den heißesten Wunsch meines Herzens erfüllt zu sehen!

In der That wurde mir begreiflich, daß von nun an jeder Schritt, mich Beethoven auf eine gewöhnliche Art zu nähern, vollkommen fruchtlos geworden sei. Bei meinen gänzlich zerrütteten Vermögenszuständen hatte ich mich nur noch zu entscheiden, ob ich augenblicklich unverrichteter Dinge meine Heimfahrt antreten oder einen letzten verzweifelten

Schritt thun sollte, mich an mein Ziel zu bringen. Bei dem ersten Gedanken schauderte ich bis in das Innerste meiner Seele. Wer mußte, so nah' an den Pforten des höchsten Heiligthumes, diese für immer sich schließen sehen, ohne nicht in Vernichtung zu fallen! Ehe ich also das Heil meiner Seele aufgab, wollte ich noch einen Verzweiflungsschritt thun. Welcher Schritt aber war es, welcher Weg, den ich gehen sollte? Lange konnte ich nichts Durchgreifendes ersinnen. Ach, all' mein Bewußtsein war gelähmt; nichts bot sich meiner aufgeregten Einbildungskraft dar, als die Erinnerung dessen, was ich erleben mußte, als ich den Rockschoß des entsetzlichen Engländers in den Händen hielt. Beethoven's Seitenblick auf mich Unglückseligen in dieser furchtbaren Katastrophe war mir nicht entgangen; ich fühlte, was dieser Blick zu bedeuten hatte: er hatte mich zum Engländer gemacht!

Was nun beginnen, um den Argwohn des Meisters zu enttäuschen? Alles kam darauf an, ihn wissen zu lassen, daß ich eine einfache deutsche Seele sei, voll irdischer Armuth, aber überirdischem Enthusiasmus.

So entschied ich mich denn endlich, mein Herz auszuschütten, zu schreiben. Dieß geschah. Ich schrieb; erzählte kurz meine Lebensgeschichte, wie ich zum Musiker geworden war, wie ich ihn anbetete, wie ich ihn einmal hätte kennen lernen wollen, wie ich zwei Jahre opferte, mir einen Namen als Galopp-Komponist zu machen, wie ich meine Pilgerfahrt antrat und vollendete, welche Leiden der Engländer über mich brachte, und welche grausame Lage gegenwärtig die meinige sei. Indem ich bei dieser Aufzählung meiner Leiden mein Herz sich merklich erleichtern fühlte, verfiel ich in der Wohllust dieses Gefühles sogar in einen gewissen Grad von Vertraulichkeit; ich flocht meinem Briefe ganz freimüthige und ziemlich starke Vorwürfe ein über die ungerechte Grausamkeit des Meisters, mit der ich Ärmster von ihm behandelt ward. Mit wahrhafter Begeisterung schloß ich endlich diesen Brief; es flimmerte mir vor den Augen, als ich die Adresse: »An Herrn Ludwig van Beethoven« – schrieb. Ich sprach noch ein stilles Gebet, und gab diesen Brief selbst in Beethoven's Hause ab.

Als ich voll Enthusiasmus zu meinem Hôtel zurückkehrte, o Himmel! – wer brachte mir auch da wieder den furchtbaren Engländer vor meine Augen! Von seinem Fenster aus hatte er auch diesen meinen letzten Gang beobachtet; er hatte in meinen Mienen die Freude der Hoffnung gelesen, und das war genug, um mich wiederum seiner Macht verfallen zu lassen. Wirklich hielt er mich auf der Treppe an mit der Frage: »Gute Hoffnung? Wann werden wir Beethoven sehen?«

»Nie, nie!« – schrie ich in Verzweiflung – »Sie will Beethoven nie im Leben wieder sehen! Lassen Sie mich, Entsetzlicher, wir haben nichts gemein!«

»Sehr wohl haben wir gemein« – entgegnete er kaltblütig – »wo ist mein Rockschoß, Sir? Wer hat Sie autorisirt, mir ihn gewaltsam zu entwenden? Wissen Sie, daß Sie Schuld sind an dem Benehmen Beethoven's gegen mich? Wie konnte er es konvenable finden, sich mit einem Gentleman einzulassen, der nur Einen Rockschoß hatte!«

Außer mir, diese Schuld auf mich gewälzt zu sehen, rief ich: »Herr, den Rockschoß sollen Sie zurück haben; mögen Sie ihn schamvoll zum Andenken aufbewahren, wie Sie den großen Beethoven beleidigten, und einen armen Musiker in das Verderben stürzten! Leben Sie wohl, mögen wir uns nie wieder sehen!«

Er suchte mich zurückzuhalten und zu beruhigen, indem er mich versicherte, daß er noch sehr viel Röcke im besten Zustande besitze; ich solle ihm nur sagen, wann uns Beethoven empfangen wollte? – Rastlos stürmte ich aber hinauf zu meinem fünften Stock; da schloß ich mich ein und erwartete Beethoven's Antwort.

Wie aber soll ich beschreiben, was in mir, was um mich vorging, als ich wirklich in der nächsten Stunde ein kleines Stück Notenpapier erhielt, auf welchem mit flüchtiger Hand geschrieben stand:

»Entschuldigen Sie, Herr R...., wenn ich Sie bitte, mich erst morgen Vormittag zu besuchen, da ich heute beschäftigt bin, ein Packet Musikalien auf die Post zu liefern. Morgen erwarte ich Sie. Beethoven.«

Zuerst sank ich auf meine Kniee und dankte dem Himmel für diese außerordentliche Huld; meine Augen trübten sich mit den inbrünstigsten Thränen. Endlich brach aber mein Gefühl in wilde Luft aus; ich sprang auf, und wie ein Rasender tanzte ich in meinem kleinen Zimmer umher. Ich weiß nicht recht, was ich tanzte, nur entsinne ich mich, daß ich zu meiner großen Scham plötzlich inne ward, wie ich einen meiner Galopps dazu pfiff. Diese betrübende Entdeckung brachte mich wieder zu mir selbst. Ich verließ mein Stübchen, den Gasthof, und stürzte freudetrunken in die Straßen Wien's.

Mein Gott, meine Leiden hatten mich ganz vergessen gemacht, daß ich in Wien sei. Wie entzückte mich das heitere Treiben der Bewohner dieser Kaiserstadt. Ich war in einem begeisterten Zustande und sah Alles mit begeisterten Augen. Die etwas oberflächliche Sinnlichkeit der Wiener dünkte mich frische Lebenswärme; ihre leichtsinnige und nicht sehr unterscheidende Genußsucht galten mir für natürliche und offene Empfänglichkeit für alles Schöne. Ich erforschte die fünf täglichen Theaterzettel. Himmel! Da erblickte ich auf dem *einen* angezeigt: *Fidelio*, Oper von Beethoven.

Ich mußte in das Theater, und mochten die Einkünfte meiner Galopps noch so sehr zusammengeschmolzen sein. Als ich im Parterre ankam, begann soeben die Ouvertüre. Es war dieß die Umarbeitung der Oper, die früher unter dem Titel: Leonore, zur Ehre des tiefsinnigen Wiener Publikums durchgefallen war. Auch in dieser zweiten Gestalt hatte ich die Oper noch nirgends aufführen hören; man denke sich also das Entzücken, welches ich empfand, als ich das herrliche Neue hier zum ersten Male vernahm! Ein sehr junges Mädchen gab die Leonore; diese Sängerin schien sich aber schon in so früher Jugend mit dem Genius Beethoven's vermählt zu haben. Mit welcher Gluth, mit welcher Poesie, wie tief erschütternd stellte sie dieß außerordentliche Weib dar! Sie nannte sich *Wilhelmine Schröder*. Sie hat sich das hohe Verdienst erworben, Beethoven's Werk dem deutschen Publikum erschlossen zu haben; denn wirklich sah ich an diesem Abende selbst die oberflächlichen Wiener vom gewaltigsten Enthusiasmus ergriffen. Mir für mein Theil war der Himmel geöffnet; ich war verklärt und betete den Genius an, der mich – gleich Florestan – aus Nacht und Ketten in das Licht und die Freiheit geführt hatte.

Ich konnte die Nacht nicht schlafen. Was ich soeben erlebt, und was mir morgen bevorstand, war zu groß und überwältigend, als daß ich es ruhig hätte in einen Traum mit übertragen können. Ich wachte, ich schwärmte und bereitete mich, vor Beethoven zu erscheinen. – Endlich erschien der neue Tag; mit Ungeduld erwartete ich die zum Morgenbesuch schickliche Stunde; – auch sie schlug, und ich brach auf. Mir stand das wichtigste Ereigniß meines Lebens bevor: von diesem Gedanken war ich erschüttert.

Aber noch sollte ich eine furchtbare Prüfung überstehen.

Mit großer Kaltblütigkeit an die Hausthüre Beethoven's gelehnt, erwartete mich mein Dämon, – der Engländer! – Der Unselige hatte alle Welt, somit endlich auch den Wirth unseres Gasthofes bestochen; dieser hatte die offenen Zeilen Beethoven's an mich früher, als ich selbst, gelesen, und den Inhalt derselben an den Briten verrathen.

Ein kalter Schweiß überfiel mich bei diesem Anblick; alle Poesie, alle himmlische Aufregung schwand mir dahin: ich war wieder in *seiner* Gewalt.

»Kommen Sie,« begann der Unglückliche: »stellen wir uns Beethoven vor!«

Erst wollte ich mir mit einer Lüge helfen, und vorgeben, daß ich gar nicht auf dem Wege zu Beethoven sei. Allein er benahm mir bald alle Möglichkeit zur Ausflucht; denn mit großer Offenherzigkeit machte er mich damit bekannt, wie er hinter mein Geheimniß gekommen war, und erklärte, mich nicht eher verlassen zu wollen, als bis wir von Beethoven zurückkämen. Ich versuchte erst in Güte ihn von seinem Vorhaben abzubringen – umsonst! Ich gerieth in Wuth – umsonst! Endlich hoffte ich mich ihm durch die Schnelligkeit meiner Füße zu entziehen; wie ein Pfeil flog ich die Treppen hinan, und riß wie ein Rasender an der Klingel. Ehe aber noch geöffnet wurde, war der Gentleman bei mir, ergriff die Flügel meines Rockes und sagte: »Entfliehen Sie mir nicht! Ich habe ein Recht an Ihren Rockschoß; ich will Sie daran halten, bis wir vor Beethoven stehen.«

Entsetzt wandte ich mich um, suchte mich ihm zu entreißen, ja, ich fühlte mich versucht, gegen den stolzen Sohn Brittaniens mich mit Thätlichkeiten zu vertheidigen: – da ward die Thüre geöffnet. Die alte Aufwärterin erschien, zeigte ein finsteres Gesicht, als sie uns in unserer sonderbaren Situation erblickte, und machte Miene, die Thüre sogleich wieder zu schließen. In der Angst rief ich laut meinen Namen, und betheuerte, von Herrn Beethoven eingeladen worden zu sein.

Noch war die Alte zweifelhaft, denn der Anblick des Engländers schien ihr ein gerechtes Bedenken zu erwecken, als durch ein Ungefähr auf einmal Beethoven selbst an der Thüre seines Kabinetes erschien. Diesen Moment benutzend trat ich schnell ein, und wollte auf den Meister zu, um mich zu entschuldigen. Zugleich zog ich aber den Engländer mit herein, denn dieser hielt mich noch fest. Er führte seinen Vorsatz aus, und ließ mich erst los, als wir vor Beethoven standen. Ich verbeugte mich, und stammelte meinen Namen; wiewohl er diesen jedenfalls nicht verstand, schien er doch zu wissen, daß ich der sei, der ihm geschrieben hatte. Er hieß mich in sein Zimmer eintreten, und ohne sich um Beethoven's verwunderungsvollen Blick zu bekümmern, schlüpfte mein Begleiter mir eiligst nach.

Hier war ich – im Heiligthum; die gräßliche Verlegenheit aber, in welche mich der heillose Britte gebracht hatte, raubte mir alle wohlthätige Besinnung, die mir nöthig war, um meines Glückes würdig zu genießen. An und für sich war Beethoven's äußere Erscheinung keineswegs dazu gemacht, angenehm und behaglich zu wirken. Er war in ziemlich unordentlicher Hauskleidung, trug rothe wollene Binde um den Leib; lange, starke graue Haare lagen unordentlich um seinen Kopf herum, und seine finstere, unfreundliche Miene vermochte durchaus nicht meine Verlegenheit zu heben. Wir setzten uns an einen Tisch nieder, der voll Papiere und Federn lag.

Es herrschte unbehagliche Stimmung, Keiner sprach. Augenscheinlich war Beethoven verstimmt, Zwei für Einen empfangen zu haben.

Endlich begann er, indem er mit rauher Stimme frug: »Sie kommen von L...?«

Ich wollte antworten; er aber unterbrach mich, indem er einen Bogen Papier nebst einem Bleistift bereit legte, fügte er hinzu: »Schreiben Sie, ich höre nicht.«

Ich wußte von Beethoven's Taubheit, und hatte mich darauf vorbereitet. Nichtsdestoweniger fuhr es mir wie ein Stich durch das Herz, als ich von dieser rauhen, gebrochenen Stimme hörte: »Ich höre nicht!« – Freudenlos und arm in der Welt zu stehen; die einzige Erhebung in der Macht der Töne zu wissen, und sagen zu müssen: ich höre nicht! – Im Moment kam ich in mir zum vollkommenen Verständniß über Beethoven's äußere Erscheinung, über den tiefen Gram auf seinen Wangen über den düsteren Unmuth seines Blickes, über den verschlossenen Trotz seiner Lippen: – *er hörte nicht!* –

Verwirrt und ohne zu wissen, was? schrieb ich eine Bitte um Entschuldigung und eine kurze Erklärung der Umstände auf, die mich in der Begleitung des Engländers erscheinen ließen. Dieser saß während dem stumm und befriedigt Beethoven gegenüber, der, nachdem er meine Zeilen gelesen, sich ziemlich heftig zu ihm wandte, mit der Frage, was er von ihm wünsche?

»Ich habe die Ehre...« – entgegnete der Britte.

»Ich verstehe Sie nicht!« – rief Beethoven ihn hastig unterbrechend; – »ich höre nicht, und kann auch nicht viel sprechen. Schreiben Sie auf, was Sie von mir wollen.«

Der Engländer sann einen Augenblick ruhig nach, zog dann sein zierliches Musikheft aus der Tasche, und sagte zu mir: »Es ist gut.

Schreiben Sie: ich bitte Herrn Beethoven, meine Komposition zu sehen; wenn ihm eine Stelle darin nicht gefällt, wird er die Güte haben, ein Kreuz dabei zu machen.«

Ich schrieb wörtlich sein Verlangen auf, in der Hoffnung, ihn nun los zu werden; und so kam es auch. Nachdem Beethoven gelesen, legte er mit einem sonderbaren Lächeln die Komposition des Engländers auf den Tisch, nickte kurz und sagte: »Ich werde es schicken.« –

Damit war mein Gentleman sehr zufrieden, stand auf, machte eine besonders herrliche Verbeugung und empfahl sich. – Ich athmete tief auf: – er war fort.

Nun erst fühlte ich mich im Heiligthum. Selbst Beethoven's Züge heiterten sich deutlich auf; er blickte mich einen Augenblick ruhig an, und begann dann:

»Der Britte hat Ihnen viel Ärger gemacht?« sagte er; »trösten Sie sich mit mir; diese reisenden Engländer haben mich schon bis auf das Blut geplagt. Sie kommen heute, einen armen Musiker zu sehen, wie morgen ein seltenes Thier. Es thut mir leid um Sie, daß ich Sie mit jenem verwechselt habe. – Sie schrieben mir, daß Sie mit meinen Kompositionen zufrieden wären. Das ist mir lieb, denn ich rechne jetzt nur wenig darauf, daß meine Sachen den Leuten gefallen.«

Diese Vertraulichkeit in seiner Anrede benahm mir bald alle lästige Befangenheit; ein Freudenschauer durchbebte mich bei diesen einfachen Worten. Ich schrieb, daß ich wahrlich nicht der Einzige sei, der von so glühendem Enthusiasmus für jede seiner Schöpfungen erfüllt wäre, daß ich nichts sehnlicher wünschte, als z.B. meiner Vaterstadt das Glück verschaffen zu können, ihn einmal in ihrer Mitte zu sehen; er würde sich dann überzeugen, welche Wirkung dort seine Werke auf das gesammte Publikum hervorbrächten.

»Ich glaube wohl«, – erwiderte Beethoven, – »daß meine Kompositionen im nördlichen Deutschland mehr ansprechen. Die Wiener ärgern mich oft; sie hören täglich zu viel schlechtes Zeug, als daß sie immer aufgelegt sein sollten, mit Ernst an etwas Ernstes zu gehen.«

Ich wollte dem widersprechen, und führte an, daß ich gestern der Aufführung des »Fidelio« beigewohnt hätte, welche das Wiener Publikum mit dem offensten Enthusiasmus aufgenommen habe.

»Hm, hm!« brummte der Meister, »der Fidelio ! – Ich weiß aber, daß die Leutchen jetzt nur aus Eitelkeit in die Hände klatschen, denn sie reden sich ein, daß ich in der Umarbeitung dieser Oper nur ihrem Rathe gefolgt sei. Nun wollen sie mir die Mühe vergelten, und rufen bravo! Es ist ein gutmüthiges Volk und nicht gelehrt; ich bin darum lieber bei ihnen, als bei gescheidten Leuten. – Gefällt Ihnen jetzt der Fidelio?«

Ich berichtete von dem Eindrucke, den die gestrige Vorstellung auf mich gemacht hatte, und bemerkte, daß durch die hinzugefügten Stücke das Ganze auf das Herrlichste gewonnen habe.

»Ärgerliche Arbeit!« entgegnete Beethoven: »Ich bin kein Opernkomponist, wenigstens kenne ich kein Theater in der Welt, für das ich gern wieder eine Oper schreiben möchte! Wenn ich eine Oper machen wollte, die nach meinem Sinne wäre, würden die Leute davon laufen; denn da würde nichts von Arien, Duetten, Terzetten und all dem Zeuge zu finden sein, womit sie heut' zu Tage die Opern zusammenflicken, und was ich dafür machte, würde kein Sänger singen und kein Publikum hören wollen. Sie kennen alle nur die glänzende Lüge, brillanten Unsinn und überzuckerte Langweile. Wer ein wahres musikalisches Drama machte, würde für einen Narren angesehen werden, und wäre es auch in der That, wenn er so etwas nicht für sich selbst behielte, sondern es vor die Leute bringen wollte.«

»Und wie würde man zu Werke gehen müssen« – frug ich erhitzt, – »um ein solches musikalisches Drama zu Stande zu bringen?«

»Wie es Shakespeare machte, wenn er seine Stücke schrieb«, war die fast heftige Antwort. Dann fuhr er fort: »Wer es sich darum zu thun sein lassen muß, Frauenzimmern mit passabler Stimme allerlei bunten Tand anzupassen, durch den sie *bravi* und Händeklatschen bekommen, der sollte Pariser Frauenschneider werden, aber nicht dramatischer Komponist. – Ich für mein Theil bin nun einmal zu solchen Späßen nicht gemacht. Ich weiß recht wohl, daß die gescheidten Leute deßhalb meinen, ich verstünde mich allenfalls auf die Instrumentalmusik, in der Vokalmusik würde ich aber nie zu Hause sein. Sie haben Recht, da sie unter Vokalmusik nur Opernmusik verstehen; und dafür, daß ich in diesem Unsinne heimisch würde, bewahre mich der Himmel!«

Ich erlaubte mir hier zu fragen, ob er wirklich glaube, daß Jemand nach Anhörung seiner »Adelaide« ihm den glänzendsten Beruf auch zur Gesangsmusik abzusprechen wagen würde?

»Nun,« entgegnete er nach einer kleinen Pause, – »die Adelaide und dergleichen sind am Ende Kleinigkeiten, die den Virtuosen von Profession zeitig genug in die Hände fallen, um ihnen als Gelegenheit zu dienen, ihre vortrefflichen Kunststückchen anbringen zu können. Warum sollte aber die Vokalmusik nicht ebenso gut als die Instrumentalmusik einen großen, ernsten Genre bilden können, der zumal bei der Ausführung von dem leichtsinnigen Sängervolke ebenso respektirt würde, als es meinetwegen bei einer Symphonie vom Orchester gefordert wird? Die menschliche Stimme ist einmal da. Ja, sie ist sogar ein bei weitem schöneres und edleres Ton-Organ als jedes Instrument des Orchesters. Sollte man sie nicht ebenso selbstständig in Anwendung bringen können, wie dieses? Welche ganz neuen Resultate würde man nicht bei diesem Verfahren gewinnen! Denn gerade der seiner Natur nach von der Eigenthümlichkeit der Instrumente gänzlich verschiedene Charakter der menschlichen Stimme würde besonders herauszuheben und festzuhalten sein, und die mannigfachsten Kombinationen erzeugen lassen. In den Instrumenten repräsentieren sich die Urorgane der Schöpfung und der Natur; das, was sie ausdrücken, kann nie klar bestimmt und festgesetzt werden, denn sie geben die Urgefühle selbst wieder, wie sie aus dem Chaos der ersten Schöpfung hervorgingen, als es selbst vielleicht noch nicht einmal Menschen gab, die sie in ihr Herz aufnehmen konnten. Ganz anders ist es mit dem Genius der Menschenstimme; diese repräsentirt das menschliche Herz und dessen abgeschlossene, individuelle Empfindung. Ihr Charakter ist somit beschränkt, aber bestimmt und klar. Man bringe nun diese beiden Elemente zusammen, man vereinige sie! Man stelle den wilden, in das Unendliche hinausschweifenden Urgefühlen, repräsentirt von den Instrumenten, die klare, bestimmte Empfindung des menschlichen Herzens entgegen, repräsentirt von der Menschenstimme. Das Hinzutreten dieses zweiten Elementes wird wohlthuend und schlichtend auf den Kampf der Urgefühle wirken, wird ihrem Strome einen bestimmten, vereinigten Lauf geben; das menschliche Herz selbst aber wird, indem es jene Uremfindungen in sich aufnimmt, unendlich erkräftigt und erweitert, fähig sein, die frühere unbestimmte Ahnung des Höchsten, zum göttlichen Bewußtsein umgewandelt, klar in sich zu fühlen.«

Hier hielt Beethoven wie erschöpft einige Augenblicke an. Dann fuhr er mit einem leichten Seufzer fort: »Freilich stößt man bei dem Versuch zur Lösung dieser Aufgabe auf manchen Übelstand; um singen zu lassen braucht man der Worte. Wer aber wäre im Stande, die Poesie in Worte zu fassen, die einer solchen Vereinigung aller Elemente zu Grunde liegen würde? Die Dichtung muß da zurückstehen, denn die Worte sind für diese Aufgabe zu schwache Organe. – – Sie werden bald eine neue

Komposition von mir kennen lernen, die Sie an das erinnern wird, worüber ich mich jetzt ausließ. Es ist dieß eine Symphonie mit Chören. Ich mache Sie darauf aufmerksam, wie schwer es mir dabei ward, dem Übelstand der Unzulänglichkeit der zu Hülfe gerufenen Dichtkunst abzuhelfen. Ich habe mich endlich entschlossen, die schöne Hymne unsers *Schiller's* ›an die Freude‹ zu benützen; es ist diese jedenfalls eine edle und erhebende Dichtung, wenn auch weit entfernt davon, das auszusprechen, was allerdings in diesem Falle keine Verse der Welt aussprechen können.«

Noch heute kann ich das Glück kaum fassen, das mir dadurch zu Theil ward, daß mir Beethoven selbst durch diese Andeutungen zum vollen Verständniß seiner riesenhaften letzten Symphonie verhalf, die damals höchstens eben erst vollendet, Keinem aber noch bekannt war. Ich drückte ihm meinen begeistertsten Dank für diese gewiß seltene Herablassung aus. Zugleich äußerte ich die entzückende Überraschung, die er mir mit der Nachricht bereitet hatte, daß man dem Erscheinen eines neuen großen Werkes von seiner Komposition entgegensehen dürfe. Mir waren die Thränen in die Augen getreten, – ich hätte vor ihm niederknien mögen.

Beethoven schien meine gerührte Aufregung zu gewahren. Er sah mich halb wehmüthig, halb spöttisch lächelnd an, als er sagte: »Sie können mich vertheidigen, wenn von meinem neuen Werke die Rede sein wird. Gedenken Sie mein: – die klugen Leute werden mich für verrückt halten, wenigstens dafür ausschreien. Sie sehen aber wohl, Herr R...., daß ich gerade noch kein Wahnsinniger bin, wenn ich sonst auch unglücklich genug dazu wäre. – Die Leute verlangen von mir, ich soll schreiben, wie sie sich einbilden, daß es schön und gut sei; sie bedenken aber nicht, daß ich armer Tauber meine ganz eigenen Gedanken haben muß, – daß es mir nicht möglich sein kann, anders zu komponiren, als ich fühle. Und daß ich ihre schönen Sachen nicht denken und fühlen kann« – setzte er ironisch hinzu – »das ist ja eben mein Unglück!«

Damit stand er auf, und schritt mit schnellen, kurzen Schritten durch das Zimmer. Tief bis in das Innerste ergriffen, wie ich war, stand ich ebenfalls auf; – ich fühlte, daß ich zitterte. Unmöglich wäre es mir gewesen, weder durch Pantomimen noch durch Schrift eine Unterhaltung fortzusetzen. Ich ward mir bewußt, daß jetzt der Punkt gekommen war, auf dem mein Besuch dem Meister lästig werden konnte. Ein tief gefühltes Wort des Dankes und des Abschiedes *aufzuschreiben* schien mir zu nüchtern; ich begnügte mich, meinen Hut zu ergreifen, vor Beethoven hinzutreten, und ihn in meinem Blicke lesen zu lassen, was in mir vorging.

Er schien mich zu verstehen. »Sie wollen fort?« frug er. »Werden Sie noch einige Zeit in Wien bleiben?«

Ich schrieb ihm auf, daß ich mit dieser Reise nichts beabsichtigt hätte, als ihn kennen zu lernen; daß, da er mich gewürdigt habe, mir eine so außerordentliche Aufnahme zu gewähren, ich überglücklich sei, mein Ziel als erreicht anzusehen, und morgen wieder zurückwandern würde.

Lächelnd erwiderte er: »Sie haben mir geschrieben, auf welche Art Sie sich das Geld zu dieser Reise verschafft haben: – Sie sollten in Wien bleiben und Galopps machen, – hier gilt die Waare viel.«

Ich erklärte, daß es für mich nun damit aus sei, da ich nichts wüßte, was mir wieder eines ähnlichen Opfers werth erscheinen könnte.

»Nun, nun!« entgegnete er, »das findet sich! Ich alter Narr würde es auch besser haben, wenn ich Galopps machte; wie ich es bis jetzt treibe, werde ich immer darben. – Reisen Sie glücklich« – fuhr er fort – »gedenken Sie mein, und trösten Sie sich in allen Widerwärtigkeiten mit mir.«

Gerührt und mit Thränen in den Augen wollte ich mich empfehlen, da rief er mir noch zu: »Halt! Fertigen wir den musikalischen Engländer ab! Laßt sehen, wo die Kreuze hinkommen sollen!«

Damit ergriff er das Musikheft des Britten, und sah es lächelnd flüchtig durch; sodann legte er es sorgfältig wieder zusammen, schlug es in einen Bogen Papier ein, ergriff eine dicke Notenfeder und zeichnete ein kolossales Kreuz quer über den ganzen Umschlag. Darauf überreichte er es mir mit den Worten: »Stellen Sie dem Glücklichen gefälligst sein Meisterwerk zu! Er ist ein Esel, und doch beneide ich ihn um seine langen Ohren! – – Leben Sie wohl, mein Lieber, und behalten Sie mich lieb!«

Somit entließ er mich. Erschüttert verließ ich sein Zimmer und das Haus.

Im Hôtel traf ich den Bedienten des Engländers an, wie er die Koffer seines Herrn im Reisewagen zurecht packte. Also auch sein Ziel war erreicht; ich mußte gestehen, daß auch er Ausdauer bewiesen hatte. Ich eilte in mein Zimmer, und machte mich ebenfalls fertig, mit dem morgenden Tage meine Fußwanderschaft zurück anzutreten. Laut mußte ich auflachen, als ich das Kreuz auf dem Umschlage der Komposition des Engländers betrachtete. Dennoch war dieses Kreuz ein Andenken Beethoven's, und ich gönnte es dem bösen Dämon meiner Pilgerfahrt nicht. Schnell war mein Entschluß gefaßt. Ich nahm den Umschlag ab, suchte meine Galopps hervor, und schlug sie in diese verdammende Hülle ein. Dem Engländer ließ ich seine Komposition ohne Umschlag zustellen, und begleitete sie mit einem Briefchen, in welchem ich ihm meldete, daß Beethoven ihn beneide und erklärt habe, nicht zu wissen, wo er da ein Kreuz anbringen solle.

Als ich den Gasthof verließ, sah ich meinen unseligen Genossen in den Wagen steigen.

»Leben Sie wohl!« rief er mir zu: »Sie haben mir große Dienste geleistet. Es ist mir lieb, Herrn Beethoven kennen gelernt zu haben. – Wollen Sie mit mir nach Italien?«

»Was suchen Sie dort?« – frug ich dagegen.

»Ich will Herrn Rossini kennen lernen, denn er ist ein sehr berühmter Komponist.«

»Glück zu!« – rief ich: – »Ich kenne Beethoven; für mein Leben habe ich somit genug!«

Wir trennten uns. Ich warf noch einen schmachtenden Blick nach Beethoven's Haus, und wanderte dem Norden zu, in meinem Herzen erhoben und veredelt.

2. Ein Ende in Paris

Wir haben ihn soeben beerdigt. Es war kaltes, trübes Wetter und wir waren ihrer nur wenig. Der Engländer war auch dabei; er will ihm einen Denkstein setzen lassen, – es wäre besser, er bezahlte seine Schulden.

Es war ein trauriges Geschäft. Die erste frische Winterluft hemmte den Athem; – Keiner konnte sprechen und die Leichenrede blieb aus. Nichtsdestoweniger sollt Ihr aber wissen, daß der, den wir begruben, ein guter Mensch und braver deutscher Musiker war. Er hatte ein weiches Herz und weinte beständig, wenn man die armen Pferde in den Straßen von Paris peinigte. Er war sanfter Gemüthsart und ward nie aufgebracht, wenn ihn die Gamins von den engen Trottoirs herunterstießen. Leider aber hatte er ein zartes künstlerisches Gewissen, war ehrgeizig, ohne Talent für die Intrige, und hatte in seiner Jugend einmal Beethoven gesehen, was ihm den Kopf dermaßen verdrehte, daß er sich unmöglich in Paris zurecht finden konnte.

Es ist stark über ein Jahr her, daß ich eines Tages im Palais royal einen großen, wunderschönen Hund von nenfundländischer Race im Bassin sich baden sah. Ein Hundeliebhaber, wie ich bin, sah ich dem schönen Thiere zu, welches endlich das Bassin verließ, und dem Rufe eines Menschen folgte, der anfänglich lediglich nur als Besitzer dieses Hundes meine Aufmerksamkeit auf sich zog. Der Mensch war bei weitem nicht so schön anzusehen, als der Hund; er war reinlich, aber, Gott weiß! nach welcher Provinzialmode gekleidet. Doch fielen mir seine Züge auf; bald erinnerte ich mich deutlich, sie bereits gekannt zu haben; – das Interesse für den Hund ließ nach – ich stürzte meinem alten Freunde R... in die Arme.

Wir waren froh, uns wieder zu haben; er verging vor Rührung. Ich führte ihn nach dem *Café de la rotonde*; ich trank Thee mit Rum – er Kaffee mit Thränen.

»Aber um Alles in der Welt« – begann ich endlich – »was kann Dich nach Paris führen? Dich, den geräuschlosen Musiker aus dem fünften Stocke einer deutschen Provinzgasse?«

»Mein Freund«, – erwiderte er – »nenne es die überirdische Leidenschaft, zu erfahren, wie es sich in einem Pariser *an sixième* lebt, oder die weltliche Begierde, zu versuchen, ob ich nicht zum *deuxième*, oder gar zum *premier* herabsteigen könnte, – noch bin ich mir nicht vollkommen klar darüber. Vor allen Dingen konnte ich mich nicht enthalten, mich aus dem Misere der deutschen Provinzen zu reißen, und, ohne das jedenfalls bei weitem erhabenere der deutschen Hauptstädte zu kosten, mich geradezu auf den Hauptplatz der Welt zu werfen, wo die Kunst aller Nationen in einen Brennpunkt zusammenströmt, wo die Künstler jeder Nation Anerkennung finden, wo auch ich hoffe, die geringe Portion von Ehrgeiz, die mir der Himmel – wahrscheinlich aus Versehen – in's Herz gelegt, befriedigt zu sehen.«

»Dein Ehrgeiz ist natürlich« – versetzte ich, – »und ich verzeihe Dir ihn, wenngleich er mich gerade an Dir Wunder nimmt. Laß uns zuvörderst sehen, mit welchen Mitteln Du Dein ehrgeiziges Bestreben zu unterhalten gedenkst. Wie viel Geld beziehst Du jährlich? – Erschrick nicht! – Ich weiß, daß Du ein armer Teufel warest, und daß hier nicht von Renten die Rede sein kann, versteht sich von selbst. Nothwendig aber muß ich annehmen, daß Du entweder in der Lotterie Geld gewonnen haben mußt, oder eine so thätige Protektion irgend eines reichen Gönners oder Verwandten genießest, daß Du wenigstens für zehn Jahre mit einem passablen Jahrgehalt versehen bist.«

»So seht Ihr närrischen Leute nun die Dinge an!« entgegnete mein Freund mit gutmüthigem Lächeln, nachdem er sich von seinem ersten Schrecken erholt hatte. »Dergleichen prosaische Nebendinge treten Euch sogleich als Hauptumstände in die Augen! Nichts von alledem, theuerster Freund! – Ich bin arm, in wenigen Wochen sogar ohne Son. Was aber thut das? Man hat mich versichert, ich habe Talent: – habe ich mir denn nun etwa *Tunis* ausgewählt, um es geltend zu machen? Nein, ich bin nach *Paris* gegangen! Hier werde ich nächstens erfahren, ob man mich betrogen hat, als man mir Talent zusprach, oder ob ich wirklich welches besitze. Im ersten Falle werde ich schnell und willig enttäuscht sein, und klar über mich selbst, ruhig nach meinem heimathlichen Stübchen zurückwandern. Im zweiten Falle aber werde ich in Paris mein Talent schneller und besser bezahlt bekommen, als irgendwo in der Welt. – O, lächle nicht, und versuche lieber, mir einen gegründeten Einwurf zu thun!«

»Bester« – versetzte ich – »ich lächle nicht mehr; denn in diesem Moment durchzuckt mich ein wehmüthiges Gefühl, das mir eine tiefe Bekümmerniß um Dich und Deinen schönen Hund hervorbringt. Ich weiß, daß, wenn Du auch mäßig bist, Deine vortreffliche Bestie jedoch viel fressen wird. Du willst Dich und ihn mit Deinem Talente ernähren? – Das ist schön, denn Selbsterhaltung ist die erste Pflicht, menschliche

Gesinnung gegen die Thiere eine zweite und schönste. – Jetzt aber sage mir, wie willst Du Dein Talent geltend machen? Was hast Du für Pläne? Theile sie mir mit.«

»Es ist gut, daß Du mich nach Plänen fragst,« war die Antwort. »Du sollst deren eine starke Anzahl kennen lernen, denn wisse: ich bin reich an Plänen. Zunächst denke ich an eine Oper: ich bin versehen mit fertigen Werken, mit halbfertigen und mit einer Unzahl von Entwürfen für alle Genres, – für die große und für die komische Oper. – Entgegne mir nichts! – Ich bin darauf gefaßt, daß dieß nicht so schnell gehen wird, und betrachte es auch nur als die Grundlage meiner Bestrebungen. Wenn ich aber auch nicht hoffen darf, so bald eine meiner Opern aufgeführt zu sehen, so wird es mir doch wenigstens vergönnt sein, annehmen zu dürfen, daß ich bald darüber in's Klare gesetzt sein werde, ob die Direktionen meine Kompositionen annehmen oder nicht. – O, Freund! Du lächelst abermals! Sage nichts! Ich weiß, was Du einwenden willst, und will Dir sogleich darauf entgegnen. – Ich bin überzeugt, daß ich auch hier mit Schwierigkeiten aller Art zu kämpfen haben werde, worin werden diese aber bestehen? Jedenfalls doch nur in der Konkurrenz. Die bedeutendsten Talente strömen hier zusammen und bieten ihre Werke an; die Direktionen sind daher gehalten, eine scharfe Prüfung des Angebotenen vorzunehmen: Stümpern muß der Weg ewig versperrt sein, nur Arbeiten von einer besonderen Auszeichnung können zu der Ehre gelangen, auserwählt zu werden. Gut! Ich habe mich auf dieses Examen vorbereitet und verlange keine Auszeichnung, ohne sie zu verdienen. Was sollte ich aber außer dieser Konkurrenz noch zu fürchten haben? Soll ich etwa glauben, daß es auch hier der beliebten servilen Schritte bedürfe? Hier, in Paris, der Hauptstadt des freien Frankreichs, wo eine Presse existirt, die jeden Mißbrauch und Schlendrian aufdeckt und unmöglich macht, wo nur dem Verdienst es möglich ist, einem großen unbestechlichen Publikum Beifall abzugewinnen?«

»Dem Publikum?« – unterbrach ich; – »da hast Du Recht! Auch ich bin der Meinung, daß bei Deinem Talente es Dir beschieden sein dürfte, zu reüssiren, sobald Du nur mit dem Publikum zu thun hättest. In der Leichtigkeit der Mittel, vor dieses zu gelangen, irrst Du Dich aber gewaltig, mein armer Freund! Es ist nicht die Konkurrenz der Talente, in der Du zu kämpfen haben wirst, sondern die Konkurrenz der Renomméen, und der persönlichen Interessen. Bist Du einer entschiedenen, einflußreichen Protektion sicher, so wage den Kampf; ohne diese und ohne

Geld aber, – stehe ab, denn Du mußt unterliegen, ohne auch nur beachtet zu sein. Es wird nicht die Rede davon sein, Dein Talent oder Deine Arbeit zu preisen (o, schon dieß wäre eine Vergünstigung sonder Gleichen!), sondern es wird in Erwägung kommen, welcher der Name ist, den Du führst. Da sich an diesen Namen noch kein Renommée knüpft, und er auf keiner Rentier-Liste aufgefunden werden kann, so bleibst Du und Dein Talent unbeachtet.«

Meine Entgegnung verfehlte bei dem enthusiastischen Freunde die beabsichtigte Wirkung hervorzubringen. Er ward mismuthig, schenkte mir aber keinen Glauben. Ich fuhr fort und frug ihn, was er ohngefähr gesonnen sei zu thun, um sich auf anderem Wege vorläufig ein kleines Renommée zu erwerben, welches ihm vielleicht behülflich sein könnte, später mit mehr Gewicht an die Ausführung des mitgetheilten, ausschweifenden Planes zu gehen?

Diese Sprache schien seine Verstimmung zu verscheuchen. »Höre denn!« antwortete er: »Du weißt, ich habe mich von jeher mit großer Vorliebe auf die Instrumentalmusik geworfen. Hier in Paris, wo man, wie es scheint, unserem großen Beethoven einen eigenen Kultus errichtet hat, muß ich mit Grund hoffen, daß sein Landsmann und glühendster Verehrer leicht Eingang finden wird, wenn er unternimmt, seine, wenn auch noch so schwachen Versuche, dem unerreichbaren Vorbilde nachzustreben, dem Publikum zu Gehör zu bringen.«

»Erlaube, daß ich Dir sogleich in das Wort falle«, unterbrach ich; »Beethoven wird vergöttert, darin hast Du Recht! Vor Allem aber bedenke, daß sein Name, sein Renommée vergöttert wird. Dieser Name, vor ein dem großen Meister würdiges Werk gesetzt, wird im Stande sein, augenblicklich die Schönheiten desselben entdecken zu lassen; irgend ein andrer Name vor demselben Werke aber wird nie vermögen, die Direktion einer Konzertanstalt selbst auf die glänzendste Partie darin aufmerksam zu machen.«

»Du lügst!« fuhr mein Freund etwas hastig auf. – »Bald wird mir Deine Absicht klar, mich systematisch zu entmutigen und vom Wege des Ruhmes zurückzuschrecken. Es soll Dir nicht gelingen!«

»Ich kenne Dich« – entgegnete ich – »und verzeihe Dir! Jedenfalls muß ich aber noch hinzufügen, daß Du auch bei Deinem zuletzt mitgetheilten Vorhaben auf ganz dieselben Schwierigkeiten stoßen wirst, die einem Künstler ohne Renommee, sei sein Talent auch noch so bedeutend, sich hier entgegenstellen, wo die Leute viel zu wenig Zeit haben, sich um verborgene Schätze zu bekümmern. Beide Pläne sind als Mittel zu betrachten, einen bereits erworbenen Ruf zu befestigen und Vortheil aus ihm zu ziehen, keineswegs aber sich einen solchen erst zu verschaffen. Die Bewerbung um eine Aufführung Deiner Instrumental-Kompositionen wird man entweder gar nicht beachten, oder – sind Deine Arbeiten in jenem kühnen, eigenthümlichen Geiste komponirt, den Du an Beethoven bewunderst, so wird man sie schwülstig und unverdaulich finden, und mit dieser Weisung dich nach Hause schicken.«

»Wenn ich aber«, warf mein Freund ein, »diesem Vorwurfe bereits vorgebeugt hätte? Wenn ich in dieser Voraussicht bereits Arbeiten verfaßt hätte, die ich in der Absicht, mir durch sie vor ein oberflächlicheres Publikum zu verhelfen, mit jener beliebten modernen Ausstattung versehen, die ich zwar im Grunde meines Herzens verabscheue, die aber selbst von bedeutenden Künstlern als erste Bestechungsmittel nicht verschmäht werden?«

»Dann wird man Dir zu bedenken geben«, erwiderte ich, »daß Deine Arbeit zu leicht, zu seicht sei, um zwischen den Werken eines Beethoven und Müsard dem Publikum zum Gehör gebracht zu werden.«

»O, Werthester!« rief mein Freund aus: »Nun ist es gut! Jetzt sehe ich doch endlich deutlich, daß Du Dir einen Spaß mit mir machst! Du bist und bleibst ein drolliger Kauz!«

Hierbei stampfte mein Freund lachend mit dem Fuße, und trat seinem schönen Hunde so empfindlich auf die herrlichen Pfoten, daß dieser laut aufschrie, dann aber seinen Herrn, händeleckend, demüthig zu bitten schien, meine Einwendungen ferner nicht mehr spaßhaft aufzunehmen.

»Du siehst«, sagte ich, »daß es nicht immer gut ist, Ernst für Scherz zu halten. Dieß bei Seite, bitte ich Dich aber mir mitzutheilen, welche Pläne Dich sonst noch bewegen konnten, Deine bescheidene Heimath mit dem ungeheuren Paris zu vertauschen. Sage mir, auf welchem anderen Wege, wenn Du mir zu Liebe die beiden besprochenen vorläufig aufgeben wolltest, gedenkst Du zu versuchen, Dir den nöthigen Ruf zu verschaffen?«

»Es sei«, erhielt ich zur Antwort, »Deiner wunderlichen Neigung zum Widerspruche zum Trotz will ich in der Mittheilung meiner Pläne fortfahren. Nichts ist, wie ich weiß, heut' zu Tage in den Pariser Salons beliebter, als jene anmuthigen und gefühlvollen Romanzen und Lieder, wie sie dem Geschmacke des französischen Volkes eigen sind, und wie sie sich selbst aus unserer Heimath hier angesiedelt haben. Denke an Franz

Schubert's Lieder, und des Rufes, dessen sie hier genießen! Dieß ist ein Genre, der meiner Neigung vortrefflich zusagt; ich fühle mich fähig, etwas Beachtenswerthes darin zu leisten. Ich werde meine Lieder zu Gehör bringen, und vielleicht dürfte auch mir das Glück zu Theil werden, das bereits so Manchem zu Theil ward, – nämlich durch eine ähnliche anspruchslose Komposition die Aufmerksamkeit eines der gerade anwesenden Direktoren der hiesigen Opern in dem Grade auf mich zu ziehen, daß er mich mit dem Auftrage zu einer Oper beehrt.«

Der Hund stieß abermals einen heftigen Schrei aus. Dießmal war ich es, der dem vortrefflichen Thiere in einer krampfhaften Anwandlung von Lachen auf die Pfoten getreten hatte.

»Wie?« rief ich, – »ist es möglich, daß Du im Ernste solche närrische Gedanken hegst? Was in aller Welt sollte Dich berechtigen....?«

»Mein Gott«, – unterbrach mich der Enthusiast, – »sind nicht ähnliche Fälle schon oft genug vorgekommen? Soll ich Dir die Journale anführen, in denen ich wiederholt gelesen habe, wie der und der Direktor durch die Anhörung einer Romanze so hingerissen wurde, wie der und der berühmte Dichter plötzlich für das noch völlig unbekannte Talent eines Komponisten so eingenommen wurde, daß Beide augenblicklich sich zu der Erklärung vereinigten, der Eine ein Libretto zu liefern, der Andere die zu bestellende Oper aufführen zu lassen?«

»Ach, steht es so?« – seufzte ich, plötzlich von Wehmuth erfüllt, – »Journalnotizen haben Deinen ehrlichen, kindlichen Kopf verwirrt? Theurer Freund, mögest Du von Allem, was Dir auf diesem Wege zukommt, nur das Drittheil beachten, und selbst von diesem noch nicht vier Viertheile glauben! Unsere Direktoren haben ganz andere Dinge zu thun, als Romanzen singen zu hören und in Enthusiasmus darüber zu gerathen! Und dann zugegeben, dieß sei ein gültiges Mittel, Renommee zu erwerben, – von wem willst Du Deine Romanzen singen lassen?«

»Von wem anders«, – war die Antwort, – »als von denselben berühmten Sängern und Sängerinnen, die so oft mit der liebenswürdigsten Bereitwilligkeit es sich zur Pflicht machten, Produktionen unbekannter oder unterdrückter Talente zum ersten Male empfehlend dem Publikum vorzuführen. Oder bin ich etwa auch hierin durch falsche Journalnotizen getäuscht?«

»Mein Freund« – erwiderte ich, – »Gott weiß, wie weit entfernt ich davon bin, läugnen zu wollen, daß edle Herzen dieser Art unterhalb der Kehlen unserer vorzüglichen Sänger und Sängerinnen schlügen. Aber um zu der Ehre einer solchen Protektion zu gelangen, bedarf es jedenfalls noch immer anderer Erfordernisse; Du kannst Dir leicht vorstellen, welche Konkurrenz auch hierbei stattfindet, und daß es immer noch einer unendlich einflußreichen Empfehlung bedarf, um jenen edlen Herzen einleuchtend zu machen, daß man in Wahrheit ein unbekanntes Talent sei. – Mein ärmster Freund, hast Du noch andere Pläne?«

Hier gerieth der Gefragte außer sich. Lebhaft und zornig – wenn auch mit einiger Beachtung seines Hundes – wandte er sich von mir ab. – »Und wenn ich noch Pläne hätte wie Sand am Meere«, rief er, »Du solltest keinen einzigen mehr erfahren. Geh'! Du bist mein Feind! – Unerbittlicher, wisse aber, Du sollst nicht triumphiren! – Sage mir, nur noch das Eine frage ich Dich! – Sage mir, Unseliger, – wie haben es denn die Zahllosen angefangen, die in Paris zuerst bekannt und endlich berühmt wurden?«

»Frage einen von ihnen«, – entgegnete ich in etwas gereizter Ruhe, – »vielleicht erfährst Du es. Ich aber – weiß es nicht.«

»Hier, hier!« rief der Verblendete hastig seinem wundervollen Hunde zu. »Du bist mein Freund nicht mehr«, – wandte er sich eilig aufbrechend zu mir, – »Dein kalter Hohn soll mich nicht weichen sehen! *In einem Jahre* – gedenke daran –! *In einem Jahre sollst Du meine Wohnung von jedem Gamin erfragen können, oder Du erhältst um mich sterben zu sehen.* Lebe wohl!«

Gellend pfiff er seinem Hunde, – eine Dissonanz, – er und sein herrlicher Begleiter waren mit Blitzesschnelle verschwunden. Nirgends konnte ich sie ereilen.

Ich mußte erst in den nächsten Tagen, wo mir alle Bemühungen und Erkundigung über die Wohnung meines Freundes vereitelt wurden, recht lebhaft fühlen, wie Unrecht ich gethan hatte, die Eigenthümlichkeiten eines so tief enthusiastischen Gemüthes nicht besser zu berücksichtigen, als dieß leider in meinen herben, vielleicht übertriebenen Entgegnungen auf seine so harmlos mitgetheilten Pläne geschehen war. In meiner guten Absicht, ihn allerdings so viel wie möglich von seinem Vorhaben abzuschrecken, weil ich ihn sowohl seiner äußeren wie inneren Lage nach nicht für den Menschen halten durfte, der geeignet sei, mit Erfolg eine so komplizirte Bahn des Ehrgeizes zu verfolgen, als seinen Plänen zu Grunde lag, – in dieser meiner guten Absicht, sage ich, hatte ich nicht berechnet, daß ich keineswegs mit einem jener flüchtig überzeugten, lenksamen Köpfe zu thun hatte, sondern mit einem Menschen, dessen innigster Glaube an die göttliche und unbestreitbare Wahrheit seiner Kunst einen solchen Grad von Fanatismus erreicht hatte, daß er dem friedfertigsten, weichsten Gemüthe einen unbeugsamen, hartnäckigen Charakter beigegeben.

Gewiß, so mußte ich mir denken, – wandert er jetzt durch die Straßen von Paris mit der festen Zuversicht, daß er nur einmal zum Entschluß kommen dürfe, welchen seiner Pläne er zuerst realisiren wolle, um auch sogleich auf derjenigen Affiche zu glänzen, die gewissermaßen die Endperspektive seines adoptirten Planes repräsentirte. Gewiß giebt er jetzt einem alten Bettler einen Sou, mit dem sichern Vorsatz, ihm in einigen Monaten einen Napoleon zu reichen.

Je mehr die Zeit unserer Trennung verstrich, je fruchtloser meine Bemühungen wurden, den Freund zu entdecken, desto mehr – ich gestehe meine Schwäche – steckte mich die von ihm in jener Stunde geäußerte Zuversicht in dem Grade an, daß ich mich verleiten ließ, dann und wann mit ängstlich gespanntem Blicke diese oder jene Affiche einer Musikaufführung zu erforschen, ob ich auf ihr nicht in irgend einer Ecke den Namen meines gläubigen Enthusiasten entdecke. Ja, je mehr ich auch in diesen Entdeckungsversuchen unbefriedigt blieb, desto mehr gesellte sich – wunderlich ist es zu sagen! – meiner freundschaftlichen Theilnahme ein immer wachsender Glaube bei, daß es ja doch nicht unmöglich wäre, daß mein Freund reüssiren könne, – daß vielleicht jetzt, wo ich ängstlich ihm nachsuchte, sein eigenthümliches Talent von irgend einer wichtigen Person bereits entdeckt und anerkannt sei, – daß ihm vielleicht schon einer jener Aufträge geworden, deren glückliche Vollziehung Glück, Ehre – und Gott weiß, was Alles zugleich bringt. Und warum nicht? Folgt nicht jede tiefbegeisterte Seele einem Sterne? Kann der seinige nicht ein Glücksstern sein? Können nicht Wunder geschehen, um den Reichthum eines verborgenen Schachtes aufzudecken? – Gerade, daß ich nirgends eine Romanze, nirgends eine Ouvertüre und dergleichen unter dem Namen meines Freundes angezeigt sah, machte mich glauben, daß er seinem größesten Plane zuerst und glücklich nachgestrebt habe, und, jene geringeren Wege zur Öffentlichkeit verschmähend, jetzt vollüber beschäftigt sei, eine Oper von wenigstens fünf Akten zu komponiren. Zwar fiel mir auf, daß ich nirgends an Orten der Kunstbetriebsamkeit ihn auffand, oder Jemand antraf, der von ihm etwas gewußt hätte; indeß, da ich selbst sehr wenig in diese Heiligthümer kam, so ließ sich denken, daß nur ich gerade so unglücklich sei, nicht dahin zu dringen, wo vielleicht jetzt schon sein Ruhm in hellen Strahlen glänzte. –

Man kann sich jedoch denken, daß es langer Zeit bedurfte, um meine Anfangs nur schmerzliche Theilnahme für meinen Freund endlich in eine glaubensvolle Zuversicht zu seinem guten Sterne umzuwandeln. Ich konnte erst durch alle Phasen der Furcht, des Schwankens und der Hoffnung auf diesen Punkt gelangen. Dergleichen bedarf bei mir aber langer Zeit, und so kam es, daß bereits fast ein Jahr verflossen war seit dem Tage, wo ich im Palais royal einen schönen Hund und einen enthusiastischen Freund angetroffen hatte. Während dem hatten mich wunderbar geglückte Spekulationen auf eine so unerhörte Stufe von Glück gebracht, daß ich, wie einst Polykrates, befürchtete, es müsse mir nun nächstens ein bedeutendes Unglück widerfahren. Ich glaubte dieses Unglück deutlich schon im Voraus zu verspüren; in einer trüben Stimmung war es daher, daß ich eines Tages meiner Gewohnheit nach mich auf einen Spaziergang in den *Champs élysées* begab.

Es war Herbst; die Blätter fielen verwelkt von den Bäumen, und der Himmel hing altersgrau über die elyseische Pracht herab. Nichtsdestoweniger ließ Polichinell sich nicht abhalten, seinen alten schlagenden Zorn zu erneuern; in blinder Wuth trotzte der Vermessene noch immer der weltlichen Gerechtigkeit, bis endlich das dämonische Prinzip, so ergreifend repräsentirt durch die gefesselte Katze, mit übermenschlichen Krallen den verwegenen Trotz des übermüthigen Sterblichen demüthigte. –

Da hörte ich denn dicht neben mir, in geringer Entfernung vom bescheidenen Schauplatze der gräuelvollen Thaten Polichinell's, folgendes wunderbar accentuirte Selbstgespräch in deutscher Sprache:

»Vortrefflich! Vortrefflich! Wo um aller Welt willen habe ich mich verleiten lassen zu suchen, da ich so nahe finden konnte! Wie? Sollte ich diese Bühne verschmähen, auf der die ergreifendsten politischen und poetischen Wahrheiten so unmittelbar und leicht verständlich, mit innigem Schmuck dem empfänglichsten und anspruchlosesten Publikum vorgeführt werden? Ist dieser Trotzige nicht *Don Juan?* Ist jene entsetzlich schöne weiße Katze nicht der Gouverneur zu Pferde, wie er leibt und lebt? – Wie wird die künstlerische Bedeutung dieses Drama's nicht erhöht und verklärt werden, wenn meine Musik das Ihrige dazu thut? – Welche sonore Organe in diesen Acteurs! – Und die Katze, – ach! die Katze! Welche unenthüllten Reize liegen in ihrer herrlichen Kehle verborgen! – –

Jetzt giebt sie keinen Laut von sich, – jetzt ist sie noch ganz Dämon! – wie aber wird sie erst ergreifen, wenn sie die Koloraturen singt, die ich eigens für sie berechnen werde! Welches vorzügliche Portamento wird sie in der Exekution jener überirdischen chromatischen Skala anbringen! Wie fürchterlich lieblich wird sie lächeln, wenn sie die künftig so berühmte Stelle singen wird: ›O Polichinell, du bist verloren!‹ – – O, welch' ein Plan! – Und dann, welchen vortrefflichen Vorwand zur fortwährenden Anwendung des Tamtam geben mir nicht Polichinell's unaufhörliche Stockschläge? – Nun, was zögere ich? Rasch um die Gunst des Direktors beworben! Hier kann ich gerade zugehen, – hier ist keine Antichambre! Mit einem Schritt bin ich im Heiligthume – vor ihm, dessen göttlich klares Auge sogleich in mir das Genie erkennen wird. Oder – sollte ich auch hier auf Konkurrenz stoßen? – Sollte die Katze? – Schnell, ehe es zu spät wird!« –

Mit diesen letzten Worten wollte der Selbstgesprächige sich unmittelbar auf den Polichinellkasten zustürzen. Ich hatte meinen Freund leicht erkannt und beschlossen, einem Skandale vorzubeugen. Ich ergriff ihn und drehte ihn mit einer Umarmung zu mir herum.

»Wer ist's?« – rief er heftig. – Bald erkannte auch er mich, machte sich ruhig von mir los und setzte kalt hinzu: »Ich durfte es denken, daß nur Du mich auch von diesem Schritte abhalten konntest, dem letzten zu meinem Heile. – Laß mich, es kann zu spät werden.«

Ich hielt ihn von Neuem; gelang es mir auch, ihn von einem weitern Vordringen gegen das Theater abzuhalten, so blieb es mir doch unmöglich, ihn von der Stelle zu bringen. Jedoch gewann ich Muße, ihn näher zu betrachten. Mein Gott, in welchem Zustande fand ich ihn! Ich will nicht von seiner Kleidung sprechen, sondern von seinen Zügen; jene war ärmlich und verwahrlost, diese aber waren fürchterlich. Der offene, freie Muth war dahin; – leblos und starr blickte sein Auge umher; seine bleichen, eingefallenen Wangen sprachen nicht nur von Kummer, die farbigen Flecken auf ihnen sprachen auch von den Leiden – des Hungers!

Als ich ihn mit dem tiefsten Gefühle des Schmerzes betrachtete, schien auch er einigermaßen ergriffen, denn er versuchte mit weniger Gewalt sich von mir loszuwinden.

»Wie geht es Dir, lieber R...?« – frug ich mit stockender Stimme. Traurig lächelnd fügte ich hinzu: – »Wo ist Dein schöner Hund?«

Da blickte er düster: »Gestohlen!« war die karge Antwort.

»Nicht verkauft?« – frug ich dagegen.

»Elender!« – erwiderte er finster, – »bist Du auch wie der Engländer?«
Ich verstand nicht, was er damit wollte. »Komm«, sprach ich mit er-
griffener Stimme, »komm! Führe mich zu Dir in Dein Haus, ich habe
viel mit Dir zu sprechen.« –

»Du wirst nächstens meine Wohnung auch ohne mich erfragen«, –
antwortete er; – »noch ist kein Jahr um! Ich bin jetzt auf dem direkten
Wege zur Anerkennung, zum Glück! – Geh'! Du glaubst doch nicht
daran! Was hilft's den Tauben predigen? Ihr müßt *sehen* um zu glauben:
nun gut! Du wirst bald sehen. Laß mich jetzt aber los, wenn ich Dich
nicht für meinen geschworenen Feind halten soll!«

Ich hielt seine Hände fester. – »Wo ist Deine Wohnung?« frug ich.
»Komm! Führe mich hin! Wir wollen ein freundliches, herzliches Wort
reden, – wenn es sein muß, – selbst über Deine Pläne.«

»Du sollst sie erfahren, sobald sie ausgeführt sind«, entgegnete er.
»Quadrillen! Galopps! O, das ist meine Force! – Du sollst sehen und
hören! – Siehst Du jene Katze? – Sie soll mir zu tüchtigen *droits d'auteur*
verhelfen! – Siehe, wie glatt sie ist, wie vortrefflich sie sich das Mäulchen
leckt! Denke Dir, wenn aus diesem Mäulchen, aus dieser Reihe von
Perlenzähnen, die begeistertsten Chroma's hervorquillen, begleitet vom
delikatesten Stöhnen und Ächzen von der Welt! Denke Dir dieß, mein
Werthester! O, Ihr habt keine Phantasie, Ihr! – Laßt mich, laßt mich! –
Ihr habt keine Phantasie!«

Ich hielt ihn von Neuem fester und wiederholte inständigst meine
Bitte, mich in seine Wohnung zu führen, ohne jedoch Beachtung zu
finden. Sein Auge war mit ängstlicher Gespanntheit auf die Katze gerichtet.

»Was hängt nicht Alles von ihr ab!« rief er, »Glück, Ehre, Ruhm liegt
in ihren weichen Pfötchen. Der Himmel regiere ihr Herz und schenke
mir ihre Gunst! – Sie blickt freundlich; – ja, das ist Katzennatur! Sie ist
auch freundlich, höflich, höflich über die Maaßen! Sie ist aber eine Katze,
eine meineidige, falsche Katze! – Warte, – *Dich* kann ich zwingen! Ich
habe einen herrlichen Hund; der wird dich in Respekt setzen; – Viktoria!
Ich habe gewonnen! – Wo ist mein Hund?«

Mit wahnsinniger Aufregung hatte er die letzten Worte mit einem
grellen Schrei ausgestoßen. Hastig blickte er um sich und schien seinen
Hund zu suchen. Sein gieriger Blick fiel auf den breiten Fahrweg. Da
ritt auf einem wundervollen Pferde ein eleganter Herr, seiner Physiogno-
mie und dem besonderen Schnitte seiner Kleidung nach ein Engländer;

ihm zur Seite lief mit stolzem Bellen ein großer, schöner neufundländischer Hund.

»Ha! Meine Ahnung!« schrie bei diesem Anblicke mein Freund mit rasender Wuth: »Der Verfluchte! Mein Hund! Mein Hund!«

Alle meine Kraft ward an der übermäßigen Gewalt zu nichte, mit der der Unglückliche sich in Blitzesschnelle von mir losriß. Wie ein Pfeil flog er dem Reiter nach, der jetzt zufälliger Weise sein Roß zum schnellsten Galopp anspornte, welchen der Hund mit den freudigsten Sätzen begleitete. Ich lief nach, vergebens! Welche Anstrengung der Kräfte kommt der übermäßigen eines Rasenden gleich! – Ich sah den Reiter und den Hund nebst meinem Freunde in einer der Seitenstraßen verschwinden, die in den *faubourg du Roule* führen. An derselben Straße angelangt, erblickte ich keinen von ihnen mehr.

Es genüge zu sagen, daß all' mein Bemühen, die Spur der Verschwundenen aufzufinden, fruchtlos war. –

Erschüttert und selbst bis zum Wahnsinn aufgeregt, mußte ich mich endlich entschließen, meine Nachforschungen vorläufig aufzugeben. Leicht wird man sich aber vorstellen können, daß ich darum nicht abließ, mich täglich zu bemühen, eine Spur aufzusuchen, die mich zu dem Aufenthalte meines bejammernswerthen Freundes führen konnte. An allen Orten, die mit der Musik nur einigen Zusammenhang hatten, erkundigte ich mich: – nirgends aber auch nur die geringste Nachweisung! Nur in den heiligen Antichambren der Oper entsannen sich die Untersten der Angestellten einer traurigen, kläglichen Erscheinung, die sich oft gezeigt und auf Audienzen gewartet habe, von der man natürlich aber weder Namen noch Wohnung wüßte. Jeder andere, selbst polizeiliche Weg führte ebenso wenig auf genaue Spuren; selbst die Wächter der Sicherheit schienen es nicht für nöthig erachtet zu haben, sich um den Ärmsten zu bekümmern.

Ich fiel in Verzweiflung. Da erhielt ich eines Tages, ungefähr zwei Monate nach jenem Vorfall in den *Champs élysées*, einen Brief, der mir auf indirektem Wege durch einen meiner Bekannten zugestellt wurde. Ich erbrach ihn ahnungsvoll, und las die kurzen Worte:

»Lieber, komm', mich sterben zu sehen!«

Die angegebene Adresse bezeichnete ein enges Gäßchen auf dem Montmartre. – Ich konnte nicht weinen, und bestieg den Montmartre. Der Adresse folgend, gelangte ich an eines der erbärmlich aussehenden Häuser, wie sie in den Seitengäßchen dieser kleinen Stadt zu finden sind.

Trotz seines dürftigen Äußeren verfehlte dieses Gebäude nicht, sich bis zu einem *cinquième* zu erheben; mein unglücklicher Freund schien diesen Umstand mit Wohlgefallen beachtet zu haben, und somit war auch ich genöthigt, derselben schwindligen Bahn nachzustreben. Indeß verlohnte es sich der Mühe, denn nach meinem Freunde fragend, wurde ich nach dem Hinterstübchen gewiesen; von dieser Hinterseite des ehrenwerthen Bauwerkes aus mußte man allerdings auf die Aussicht in die vier Schuh breite Riesenstraße verzichten, wurde aber durch die ungleich schönere auf ganz Paris entschädigt.

Dieses wundervollen Anblickes genießend, in einem dürftigen Schmerzenslager aufgerichtet, traf ich meinen bejammernswürdigen Enthusiasten an. Sein Angesicht, sein ganzer Körper war noch unendlich viel verzehrter und hagerer als an jenem Tage in den *Champs élysées*; nichtsdestoweniger war der Ausdruck seiner Mienen bei weitem befriedigender als damals. Der scheue, wilde, fast wahnsinnige Blick, die unheimliche Glut seiner Augen – waren verschwunden; sein Auge blickte matt, fast erloschen; die entsetzlich dunklen Flecke auf den Wangen schienen sich in allgemeine Verzehrung aufgelöst zu haben.

Zitternd, aber mit ruhigem Ausdrucke streckte er mir seine Hand entgegen mit den Worten: »Verzeihe mir, Lieber, und habe Dank, daß Du gekommen bist!«

Der wunderbar weiche und sonore Ton, mit dem er dieß Wenige gesprochen hatte, übte einen fast noch rührenderen Eindruck auf mich aus, als dieß bereits sein Anblick gethan. Ich drückte ihm die Hand, weinte und konnte nicht sprechen.

»Es ist, wie mich dünkt«, – fuhr mein Freund nach einer Pause der Rührung fort, – »bereits stark über ein Jahr, daß wir uns in jenem glänzenden Palais royal trafen; – ich habe nicht ganz Wort gehalten: – binnen Jahresfrist berühmt zu werden war mir mit dem besten Willen nicht möglich; auf der andern Seite ist es aber auch nicht meine Schuld, daß ich Dir nicht pünktlich nach Ablauf des Jahres schreiben konnte, wohin Du zu kommen hättest, um mich sterben zu sehen: ich war trotz aller Bemühungen noch nicht so weit. – O, weine nicht, mein Freund! Es gab eine Zeit, wo ich Dich bitten mußte, nicht zu lachen.«

Ich wollte sprechen, allein die Sprache versagte mir. – »Laß mich sprechen!« fiel der Sterbende ein: »es wird mir leicht, und ich bin Dir viel zu erzählen schuldig. Ich bin gewiß, daß ich morgen nicht mehr leben werde, darum höre heute noch meine Erzählung an! Sie ist einfach, mein

Freund, – höchst einfach. Es giebt darin keine wunderbaren Verwickelungen, keine überraschenden Glücksfälle, keine anspruchsvollen Details. Fürchte nicht, daß Deine Geduld ermüdet werden soll durch die Leichtigkeit des Sprechens, die mir jetzt vergönnt ist und die mich allerdings verführen könnte, zum Schwätzer zu werden, denn es hat Tage gegeben, mein Lieber, wo ich dafür keinen Laut hervorbrachte. Höre! – Wenn ich recht überlege, und des Zustandes gedenke, in welchem Du mich jetzt antriffst, so finde ich für unnöthig, Dich versichern zu müssen, daß mein Schicksal kein schönes gewesen sei. Fast brauche ich Dir wohl auch nicht die Einzelheiten aufzuzählen, in denen mein enthusiastischer Glaube umkam. Es genüge zu sagen, daß es nicht *Klippen* waren, an denen ich scheiterte! – O, glücklich der Schiffbrüchige, der im *Sturm* zu Grunde geht! – Nein, daß es *Sumpf* und *Morast* war, in dem ich versank. Dieser Sumpf, mein Theurer, umgiebt aber alle die stolzen, glänzenden Kunsttempel, nach denen wir armen Narren mit solcher Inbrunst wallfahrten, als ob in ihnen das Heil der Seelen zu erwerben wäre. Glücklich der Leichtfertige! Mit einem einzigen gelungenen Entrechat ist er im Stande über den Sumpf hinwegzusetzen. Glücklich der Reiche! Sein wohl zugerittenes Pferd bedarf nur eines Druckes der goldenen Sporen, um ihn schnell hinüber zu tragen. Wehe aber dem Enthusiasten, der, diesen Morast für eine blühende Wiese haltend, rettungslos in ihm versinkt und Fröschen und Kröten zur Speise wird! – Siehe, mein Guter, dieß böse Ungeziefer hat mich verzehrt, es ist kein Tropfen Blutes mehr in mir! – – Soll ich Dir sagen, wie es mir ging? – Warum dieß! Du siehst mich unterliegen; – es genüge daher nur noch zu sagen, daß ich nicht auf dem Schlachtfelde erlegt wurde, sondern daß ich – entsetzlich ist es zu sagen! – *in den Antichambren vor Hunger umkam!* – Es ist etwas Furchtbares, diese Antichambren, und wisse, daß es in Paris deren viele, sehr viele giebt, – mit Bänken sowohl von Sammet als von Holz, geheizt und nicht geheizt, gepflastert und nicht gepflastert! –«

»In diesen Antichambren«, so fuhr mein Freund fort, – »habe ich ein schönes Jahr meines Lebens verträumt. Mir träumte da viel und wunderbar, tolle, fabelhafte Dinge aus tausend und einer Nacht', von Menschen und von Vieh, von Gold und von Schmutz. Mir träumte von Göttern und Kontrabassisten, von brillanten Tabatieren und ersten Sängerinnen, von Atlasröcken und verliebten Lords, von Choristinnen und Fünffrankenstücken. Dazwischen war es mir oft, als hörte ich den klagenden, geisterhaften Ton einer Hoboe; dieser Ton durchdrang mir alle Nerven und durchschnitt mein Herz. Eines Tages, als ich am allerverwirrtesten geträumt, und jener Hoboe-Ton mich am schmerzlichsten durchzuckt hatte, wachte ich plötzlich auf und fand, daß ich wahnsinnig geworden sei. Ich entsinne mich zum wenigsten, daß ich, – was ich so oft gethan, – vergaß, nämlich dem Theaterdiener meine tiefste Verbeugung zu machen, als ich die Antichambre verließ, – beiläufig gesagt, der Grund, daß ich nie wieder wagte, in dieselbe zurückzukehren, denn wie würde mich der Diener empfangen haben! – Ich verließ also schwankenden Schrittes das Asyl meiner Träume; auf der Schwelle des Gebäudes stürzte ich zusammen. Ich war über meinen armen Hund gefallen, der seiner Gewohnheit nach, auf der Straße antichambrirte, und seinen glücklichen Herrn erwartete, dem es erlaubt war, unter Menschen zu antichambriren. Dieser Hund, daß ich es Dir sage, war mir von großem Nutzen, denn nur ihm und seiner Schönheit hatte ich es zu verdanken, daß mich der Diener der Antichambre dann und wann eines beachtenden Blickes würdigte. Leider verlor er mit jedem Tage von seiner Schönheit, denn der Hunger wüthete auch in seinen Eingeweiden. Dieß erweckte mir neue Sorgen, da ich deutlich voraussah, daß es bald um die Gunst des Dieners geschehen sein würde; denn schon jetzt zuckte oft ein verächtliches Lächeln um dessen Lippen. – Wie ich Dir sagte, stürzte ich also über diesen meinen Hund. Ich weiß nicht, wie lange ich so lag; die Fußstöße, die ich von den Vorübergehenden empfangen haben mochte, hatte ich nicht bemerkt; endlich aber weckten mich die zärtlichsten Küsse – das wärmste Lecken meines Thieres. Ich richtete mich auf, und in einem hellen Momente begriff ich sogleich die wichtigste meiner Pflichten: dem Hunde Nahrung zu verschaffen. Ein einsichtsvoller Marchand d'Habits reichte mir mehrere Sous für mein schlechtes Gilet. Mein Hund fraß und was er übrig ließ, verzehrte ich. Ihm schlug dieß vortrefflich an, ich aber konnte nicht mehr gedeihen. Der Ertrag eines Heiligthumes, des alten Ringes meiner Großmutter, war sogar vermögend, dem Hunde zu aller verlorenen Schönheit wieder zu verhelfen; er blühte auf; – o, verderbliche Blüthe! – In meinem Gehirn ward es immer trauriger; ich weiß nicht mehr recht, was darin vorging, – entsinne mich aber, daß mich eines Tages die unwiderstehliche Luft anwandelte, den Teufel aufzusuchen. Mein Hund in strahlender Schönheit begleitete mich vor die Pforte der *concerts Musard*. Hoffte ich dort den Teufel anzutreffen? Ich weiß auch das nicht mehr recht. Ich musterte die Eintretenden, und wem begegne ich unter ihnen? Dem abscheulichen *Engländer*, demselben, wie er leibt und lebt, unverändert, ganz so wie damals, als er mir, wie ich Dir erzählt habe, bei Beethoven so verderblich wurde! – Ich entsetzte mich, wohl war ich gefaßt, einem Dämon der Unterwelt entgegen zu treten, nimmermehr aber diesem Gespenste der Oberwelt zu begegnen. Ach, wie ward mir, als der Unselige auch *mich* sogleich erkannte! Ich konnte ihm nicht ausweichen, – die Masse drängte uns aneinander. Unfreiwillig und ganz gegen die Sitte seiner Landsleute war er genöthigt, mir in die Arme zu sinken, die ich erhoben hatte, um mir Bahn aus dem Gedränge zu machen. Da lag er, und wurde fest gegen meine von tausend grausenhaften Empfindungen durchzuckte Brust gedrückt. Es war ein furchtbarer Moment! Bald wurden wir aber freier, und er löste sich mit mäßiger Entrüstung von mir los. Ich wollte fliehen; dieß war aber noch unmöglich. – ›Willkommen, mein Herr!‹ – rief mir der Britte zu: – ›schön, daß ich Sie immer auf dem Wege der Kunst treffe! Gehen wir dießmal zu Müsard!‹ – Vor Wuth brachte ich dagegen nichts weiter hervor, als: zum Teufel! – ›Ja‹, antwortete er, ›es soll da teufelmäßig hergehen! Ich habe vorigen Sonntag eine Komposition entworfen, die ich Müsard anbieten werde. Kennen Sie Müsard? Wollen Sie mich bei ihm einführen?‹«

»Mein Grausen vor diesem Gespenste verwandelte sich in namenlose Angst; von ihr getrieben, gelang es mir, mich zu befreien, und dem Boulevard zuzufliehen; mein schöner Hund sprang mir bellend nach. In einem Nu war aber der Engländer wieder bei mir, hielt mich an, und mit aufgeregter Stimme frug er: ›Sir, ist der schöne Hund der Ihrige?‹ – Ja. – ›O, der ist vortrefflich! Herr, ich zahle Ihnen für diesen Hund fünfzig Guineen. Wissen Sie, daß es sich für Gentlemans schickt, dergleichen Hunde zu haben, und auch ich habe deren eine Unzahl bereits besessen. Leider aber waren die Bestien alle unmusikalisch; sie konnten nicht vertragen, wenn ich Horn oder Flöte blies, und sind mir deßhalb immer entlaufen. Nun muß ich aber annehmen, daß, da Sie das Glück haben, ein Musiker zu sein, auch Ihr Hund musikalisch ist; ich muß hoffen, daß er daher auch bei mir aushalten wird. Ich biete Ihnen deßhalb fünfzig Guineen für das Thier!‹ – Erbärmlicher! rief ich: – Nicht für ganz Brittannien ist mein Freund mir feil! Damit lief ich hastig davon, mein Hund mir voran. Ich bog in diejenigen Seitenstraßen ein, die mich dahin führten, wo ich gewöhnlich übernachtete. – Es war heller Mondschein; dann und wann blickte ich mich furchtsam um: – zu meinem Entsetzen glaubte ich zu bemerken, wie die lange Gestalt des Engländers mich verfolgte. Ich verdoppelte meine Schritte, und blickte mich noch angstvoller um; bald erblickte ich das Gespenst, bald nicht mehr. Keuchend erreichte ich mein Asyl, gab meinem Hunde zu essen und streckte mich hungrig auf mein hartes Lager. – Ich schlief lange und träumte fürchterlich. Als ich erwachte, – war mein schöner Hund verschwunden. Wie er mir entlaufen, oder wie er durch die allerdings schlecht verschlossene Thüre entlockt worden, ist mir noch heute unbegreiflich. Ich rief, ich suchte ihn, bis ich stöhnend zusammensank. –«

»– Du entsinnst Dich, daß ich den Treulosen eines Tages in den *Champs élysées* wieder sah, – Du weißt, welche Anstrengungen ich machte, um seiner wieder habhaft zu werden; – Du weißt aber nicht, daß dieß Thier mich erkannte, mich aber floh und vor meinem Rufe wich wie eine scheue Bestie der Wildniß! Nichtsdestoweniger verfolgte ich ihn und den satanischen Reiter, bis dieser in einen Thorweg hineinsprengte, der sich krachend hinter ihm und dem Hunde schloß. In meiner Wuth donnerte ich an die Pforte: – ein wüthendes Bellen war die Antwort. – Dumpf, wie vernichtet, lehnte ich mich an, – bis mich endlich eine auf dem Waldhorn ausgeführte gräuliche Skala aus der Betäubung weckte, die aus dem Grunde des vornehmen Hotels zu meinen Ohren drang, und der ein dumpfes, klägliches Hundegeheul folgte. Da lachte ich laut auf, und ging meiner Wege. –«

Tief ergriffen hielt hier mein Freund inne; war ihm auch das Sprechen leicht geworden, so strengte ihn doch seine innere Aufregung furchtbar an. Es war ihm nicht möglich, sich im Bette aufrecht zu erhalten, – mit einem leisen Stöhnen sank er zurück. – Eine lange Pause trat ein; ich betrachtete den Ärmsten mit peinlicher Empfindung: jenes leichte Roth war auf seine Wangen getreten, das nur den Schwindsüchtigen eigen ist. Er hatte seine Augen geschlossen, und lag wie schlummernd da; sein Athem war in leichter, fast ätherischer Bewegung.

Ich erwartete ängstlich den Augenblick, wo ich zu ihm sprechen dürfte, um zu erfragen, womit irgend in der Welt ich ihm dienlich sein könnte? – Endlich schlug er seine Augen wieder auf; ein matter, wunderbarer Glanz lag in dem Blicke, den er sogleich unverwandt auf mich richtete.

»Mein ärmster Freund«, – begann ich, – »Du siehst mich hier mit dem schmerzlichen Verlangen, Dir in irgend etwas dienen zu können. Hast Du einen Wunsch, o, so sprich ihn aus!«

Der Gefragte entgegnete lächelnd: »So ungeduldig, mein Freund, nach meinem Testamente? – O, sei außer Sorgen, auch Du bist dabei bedacht. –

Willst Du aber nicht erst noch erfahren, wie es geschah, daß Dein armer Bruder zum Sterben kam?

Sieh, ich wünschte, daß meine Geschichte wenigstens *einer* Seele bekannt sei; nun kenne ich aber keine einzige, von der ich glauben dürfte, daß sie sich um mich bekümmere, wenn es nicht Du bist. – – Fürchte nicht, daß ich mich anstrenge! Es ist mir wohl und leicht – kein schweres Athmen bedrängt mich – die Sprache geht willig von Statten. – Im Übrigen, sieh', habe ich nur noch wenig zu erzählen. Du kannst Dir denken, daß von da ab, wo ich in meiner Geschichte stehen blieb, ich mit keinen äußeren Erlebnissen mehr zu thun hatte. Von da ab beginnt die Geschichte meines Inneren, denn von da an wußte ich, daß ich bald sterben würde. Jene entsetzliche Skala auf dem Waldhorn im Hotel des Engländers erfüllte mich mit so unwiderstehlichem Lebensüberdrusse, daß ich schnell zu sterben beschloß. Ich sollte mich eigentlich dieses Entschlusses nicht rühmen, denn ich muß gestehen, es stand nicht mehr ganz in meinem freien Willen, ob ich leben oder sterben wollte. Im Innern meiner Brust war etwas gesprungen, das wie einen langen, schwirrenden Klang zurückließ; – als dieser verhallte, war mir leicht und wohl, wie mir nie gewesen, und ich wußte, daß mein Ende nahe sei. O, wie beglückte mich diese Überzeugung! Wie begeisterte mich das Vorgefühl einer nahen Auflösung, das ich plötzlich in allen Theilen dieses verwüsteten Körpers wahrnahm! – Für alle äußeren Umstände unempfänglich, war ich, unbewußt, wohin mich mein schwankender Schritt trug, auf der Anhöhe des Montmartre angelangt. Willkommen hieß ich den Berg der Martyre und beschloß auf ihm zu sterben. Auch ich starb ja für die Einfalt meines Glaubens, auch ich konnte mich daher einen Martyr nennen, wenngleich dieser mein Glaube von Niemand weiter – als vom Hunger bestritten worden war.

Hier nahm ich Obdachloser diese Wohnung, verlangte nichts weiter als dieses Bett, und daß man mir die Partituren und Papiere holen ließe, die ich in einem ärmlichen Winkel der Stadt niedergelegt hatte, denn leider war es mir nicht gelungen, sie irgendwo als Pfand zu versetzen. Sieh', hier liege ich und habe beschlossen, in Gott und der reinen Musik zu verscheiden. Ein Freund wird mir die Augen zudrücken, meine Hinterlassenschaft wird hinreichen, meine Schulden zu bezahlen, und an einem ehrlichen Grabe wird es nicht fehlen. – Sag', was sollte ich weiter wünschen?«

Ich machte endlich meinen drängenden Gefühlen Luft. – »Wie«, rief ich, »nur für diesen letzten traurigen Dienst konntest Du mich gebrauchen? Dein Freund, sei er auch noch so unmächtig, hätte Dir in nichts Anderem dienlich sein können? Ich beschwöre Dich, zu meiner Beruhigung sage mir dieß: war es Mistrauen in meine Freundschaft, was Dich abhielt, mich zu erfragen und Dein Schicksal mir früher mitzutheilen?«

»O, zürne mir nicht«, entgegnete er besänftigend, »zürne mir nicht, wenn ich Dir gestehe, daß ich in den halsstarrigen Wahn verfallen war, Du seiest mein Feind! Als ich erkannte, daß Du dieß nicht warest, gerieth mein Kopf in den Zustand, der mir die Verantwortlichkeit meines Willens benahm. Ich fühlte, daß ich nicht mehr mit klugen Menschen verkehren dürfte. Verzeihe mir, und sei freundlicher gegen mich, als ich es gegen Dich war! – Reiche mir die Hand und laß diese Schuld meines Lebens abgeschlossen sein!«

Ich konnte nicht widerstehen, ergriff seine Hand, und zerfloß in Thränen Dennoch erkannte ich, wie meines Freundes Kräfte merklich abnahmen; er war nicht mehr im Stande sich vom Bette zu erheben, jene fliegende Röthe wechselte immer matter auf seinen bleichen Wangen ab. –

»Ein kleines Geschäft, mein Theurer«, begann er von Neuem. »Nenne es meinen letzten Willen! Denn ich will erstlich: daß meine Schulden bezahlt werden. Die armen Leute, die mich aufnahmen, haben mich willig gepflegt und nur wenig gemahnt; sie müssen bezahlt werden. In Gleichen einige andere Gläubiger, die Du auf jenem Papiere verzeichnet findest. Ich cedire zur Bezahlung all' mein Eigenthum, dort meine Kompositionen und hier mein Tagebuch, in das ich meine musikalischen Notizen und Grillen eintrug. Ich überlasse es Deiner Geschicklichkeit, mein geübter Freund, so viel wie möglich von diesem Nachlasse zum Verkauf zu bringen, und den Ertrag zur Entrichtung meiner irdischen Schulden zu verwenden. – Ich will zweitens, daß Du meinen Hund nicht schlägst, wenn Du ihm einmal begegnen solltest; ich nehme an, daß er zur Strafe seiner Treulosigkeit durch das Waldhorn des Engländers bereits furchtbar gelitten hat. Ich vergebe ihm! – Drittens will ich, daß meine Pariser Leidensgeschichte mit Unterdrückung meines Namens bekannt gemacht werde, damit sie allen Narren meines Gleichen zur heilsamen Warnung diene. – Viertens wünsche ich ein ehrliches Grab, jedoch ohne Prunk und großes Gepränge; wenige Personen genügen mir als Begleitung, Du findest ihre Namen und ihre Adressen in meinem Tagebuche.

Die Kosten zum Begräbnisse sollen von Dir und ihnen zusammengeschossen werden. – Amen!«

»Jetzt« – so fuhr der Sterbende nach einer Unterbrechung, die durch seine immer zunehmende Schwäche hervorgebracht wurde, fort: – »jetzt ein letztes Wort über meinen Glauben. – Ich glaube an Gott, Mozart und Beethoven, in Gleichem an ihre Jünger und Apostel; – ich glaube an den heiligen Geist und an die Wahrheit der einen, untheilbaren Kunst; – ich glaube, daß diese Kunst von Gott ausgeht und in den Herzen aller erleuchteten Menschen lebt; – ich glaube, daß, wer nur einmal in den erhabenen Genüssen dieser hohen Kunst schwelgte, für ewig ihr ergeben sein muß und sie nie verläugnen kann; – ich glaube, daß Alle durch diese Kunst selig werden, und daß es daher Jedem erlaubt sei, für sie Hungers zu sterben; – ich glaube, daß ich durch den Tod hochbeglückt sein werde; – ich glaube, daß ich auf Erden ein dissonirender Accord war, der sogleich durch den Tod herrlich und rein aufgelöset werden wird. Ich glaube an ein jüngstes Gericht, das alle Diejenigen furchtbar verdammen wird, die es wagten, in dieser Welt Wucher mit der hohen keuschen Kunst zu treiben, die sie schändeten und entehrten aus Schlechtigkeit des Herzens und schnöder Gier nach Sinnenlust; – ich glaube, daß diese verurtheilt sein werden, in Ewigkeit ihre eigene Musik zu hören. Ich glaube, daß dagegen die treuen Jünger der hohen Kunst in einem himmlischen Gewebe von sonnendurchstrahlten, duftenden Wohlklängen verklärt, und mit dem göttlichen Quell aller Harmonie in Ewigkeit vereint sein werden. – Möge mir ein gnädig Loos beschieden sein! – Amen!«

Fast glaubte ich, daß die inbrünstige Bitte meines Freundes bereits erfüllt worden, so himmlisch verklärt glänzte sein Auge, so entzückt verblieb er in athemloser Stille. Sein überaus leichter, fast unfühlbarer Athem überzeugte mich jedoch, daß er noch lebe. – Leise, aber deutlich vernehmbar flüsterte er: »Freuet Euch, Ihr Gläubigen, die Wonne ist groß, der Ihr entgegen geht!«

Jetzt verstummte er, – der Glanz seines Blickes verlosch; anmuthig lächelte sein Mund. Ich schloß seine Augen, und bat Gott um einen ähnlichen Tod. – –

Wer weiß, was in diesem Menschenkinde spurlos dahin starb? War es ein Mozart, – ein Beethoven? Wer kann es wissen und wer kann es mir bestreiten, wenn ich behaupte, daß ein Künstler in ihm zu Grunde ging, der die Welt mit seinen Schöpfungen beglückt haben würde, wenn er nicht zuvor hätte Hungers sterben müssen? – Ich frage, wer beweiset mir das Gegenteil? –

– Keiner von Denjenigen, die seiner Leiche folgten, wagte es zu bestreiten. Es waren außer mir nur zwei, ein Philolog und ein Maler; ein Anderer ward vom Schnupfen verhindert, noch Andere hatten keine Zeit. – Als wir uns bescheiden dem Kirchhofe des Montmartre näherten, bemerkten wir einen schönen Hund, der ängstlich die Bahre und den Sarg beschnopperte. Ich erkannte das Thier und blickte mich um: – stolz zu Pferde gewahrte ich den Engländer. Er schien das angstvolle Benehmen seines Hundes, der dem Sarge auf den Kirchhof nachfolgte, nicht begreifen zu können, stieg ab, übergab seinem Bedienten sein Roß, und erreichte uns auf dem Kirchhofe.

»Wen begraben Sie, mein Herr?« frug er mich. – »Den Herrn jenes Hundes«, gab ich zur Antwort.

»Goddam!« rief er aus, »es ist mir sehr unlieb, daß dieser Gentleman gestorben, ohne das Geld für die Bestie erhalten zu haben. Ich habe es ihm bestimmt, und eine Gelegenheit gesucht, es ihm zukommen zu lassen, trotzdem auch dieses Thier bei meinen musikalischen Übungen heult. Ich werde aber meinen Fehler gut machen, und die fünfzig Guineen für den Hund zu einem Denkstein bestimmen, der auf das Grab des ehrenwerthen Gentleman gesetzt werden soll!« – Er ging und bestieg sein Pferd; der Hund blieb an dem Grabe, – der Britte ritt davon.

3. Ein glücklicher Abend

So will ich diese letzte Aufzeichnung aus früherer Erinnerung an meinen Freund benennen, welche ich der Mittheilung einiger größeren Aufsätze aus der Hinterlassenschaft des Verstorbenen noch voranstelle, da ich diese hiermit zugleich auf das Schicklichste einzuleiten glaube.

Es war ein schöner Frühlingsabend, schon kündigte sich die Hitze des Sommers in dem wohllüstig warmen Hauche an, der wie ein brünstiger Liebesseufzer durch die Lüfte zu uns drang und unsere Sinne berauschte. Wir waren dem Strome der Menge gefolgt, die sich nach dem öffentlichen Garten drängte, ein wackeres Musikcorps eröffnete an diesem Abend die Reihe der Konzerte, die es den Sommer über dort zu geben pflegte. Es war ein Fest. Mein damals noch nicht in Paris verstorbener Freund R... schwamm in seliger Wonne; – noch ehe das Konzert begonnen, war er schon von lauter Musik berauscht, und er behauptete, dieß sei die innere Musik, die in ihm immer tönte und klänge, wenn er an schönen Frühlingsabenden sich glücklich fühlte.

Wir gelangten an, und nahmen an einem Tische unter einer großen Eiche unsern gewöhnlichen Platz ein, denn wohlangestellte Beobachtungen hatten uns belehrt, daß dieser Platz nicht nur der von der müßigen Menge entfernteste sei, sondern daß man von ihm aus auch besonders den Vorzug habe, die Musik am besten und deutlichsten vernehmen zu können. Von jeher hatten wir die Unglücklichen bedauert, die sowohl in Gärten als in Sälen genöthigt waren, oder es wohl gar vorgezogen, in der unmittelbaren Nähe des Orchesters zu verweilen; wir vermochten gar nicht zu begreifen, wie es ihnen Freude machen konnte, die Musik zu *sehen*, anstatt zu hören; denn anders konnten wir uns die Gespanntheit nicht deuten, mit der sie unverwandt und starr den verschiedenartigen Bewegungen der Musiker zusahen, besonders aber mit begeisterter Theilnahme den Paukenschläger betrachteten, wenn er nach den mit umsichtiger Ängstlichkeit abgezählten Pausen sich endlich zu einer erschütternden Mitwirkung anließ. Wir waren darin übereingekommen, daß es nichts Prosaischeres und Herabstimmenderes gebe, als den Anblick der gräulich aufgeblasenen Backen und verzerrten Physiognomien der Bläser, des unästhetischen Bekrabbelns der Contrabässe und Violoncelle, ja selbst des langweiligen Hinundherziehens der Violinbögen, wenn es sich darum handelt, der Ausführung einer schönen Instrumentalmusik zu lauschen. Aus diesem Grunde hatten wir uns so placirt, daß wir die leiseste Nüance im Vortrage des Orchesters hören konnten, ohne daß uns der Anblick desselben hätte stören müssen.

Das Konzert begann: man spielte vieles Schöne, unter anderen die Symphonie von Mozart in *Es*, und die von Beethoven in *A*.

Das Konzert war zu Ende. Stumm, aber lächelnd und selig, saß mein Freund mit verschränkten Armen mir gegenüber. Die Menge entfernte sich nach und nach mit gemächlichem Geräusch; hie und da blieben noch einzelne Tische mit Gästen besetzt. Die laue Wärme des Abends begann dem kältern Nachthauche zu weichen.

»Laß uns Punsch trinken!« rief R..., indem er plötzlich seine Stellung verließ, und eines Kellners ansichtig zu werden suchte.

Stimmungen wie die, in welche wir uns versetzt fühlten, sind zu heilig, als daß man sie nicht so lange als möglich zu erhalten suchen müßte. Ich wußte, von welcher angenehmen Wichtigkeit uns der Genuß des Punsches werden würde, und stimmte fröhlich in den Vorschlag meines Freundes ein. Bald dampfte eine nicht unansehnliche Bowle auf unserm Tisch und wir leerten die ersten Gläser.

»Wie gefiel Dir die Aufführung der Symphonien?« fragte ich.

»O, was! Aufführung!« versetzte R..., »Es giebt Stimmungen, in denen, so peinlich ich sonst bin, die schlechteste Exekution eines meiner Lieblingswerke mich dennoch entzücken könnte. Diese Stimmungen, es ist wahr, sind selten, und sie üben ihre süße Herrschaft über mich nur dann aus, wenn mein ganzes inneres Wesen in einer glücklichen Harmonie mit meiner körperlichen Gesundheit steht. Dann aber bedarf es nur des geringsten äußeren Anklanges, um sogleich das ganze Tonstück, welches gerade meiner vollen Empfindung entspricht, in mir selbst ertönen zu lassen, und zwar in einer so idealen Vollständigkeit, wie es das beste Orchester der Welt nicht meinen äußeren Sinnen vorführen kann. In solchen Stimmungen, siehst Du, ist mein sonst so scrupulöses musikalisches Gehör geschmeidig genug, um selbst den überschlagenden Ton einer Hoboe mir nur ein leises Zucken hervorbringen zu lassen; mit einem nachsichtigen Lächeln bin ich im Stande, den falschen Ton einer Trompete an meinen Ohren vorüberstreichen zu lassen, ohne deßhalb auf länger aus der beseligenden Empfindung gerissen zu werden, in der ich mir mit süßer Selbsttäuschung vorschmeichle, soeben die vollendetste Aufführung meines Lieblingswerkes zu vernehmen. In solchen Stimmungen kann mich dann nichts mehr ärgern, als wenn sich ein glattöhriger

Lasse mit vornehmer Indignation über einen jener musikalischen Unfälle empört, der sein überaus zartes Gehör verletzt, während ihm dieses jedoch morgen nicht verbietet, eine ganze kreischende Skala zu bewundern, mit welcher irgend eine beliebte Sängerin Nerven und Seele zugleich mishandelt. Diesen subtilen Lassen geht eben die Musik nur am Ohre vorbei; oft aber auch sogar nur vor den Augen, denn ich entsinne mich, Leute beobachtet zu haben, die keine Miene verzogen, als ein Blasinstrument eben fehlte, die sich aber sogleich die Ohren zuhielten, als sie den wackeren Musiker gewahrten, wie er vor Scham und Verwirrung den Kopf schüttelte!«

»Wie?« warf ich ein – »muß ich Dich gegen die Leute von seinem Gehör eisern hören? Wie oft entsinne ich mich, Dich über die schwankende Intonation einer Sängerin bis zur Tollheit verletzt gesehen zu haben!«

»O, mein Freund!« rief R... aus – »ich spreche nur von jetzt, ich spreche nur von heute. Gott weiß, wie ich öfter gestimmt bin, über die Unreinheit im Spiel des berühmtesten Violinvirtuosen außer mir zu gerathen, daß ich die besten Sängerinnen oft verwünsche, wenn sie in ihrem Glauben auch noch so rein zwischen *mi fa sol* vokalisiren, ja, daß ich oft aufgelegt bin, nicht den geringsten harmonischen Zusammenklang unter allen Instrumenten des sorgfältigst gestimmten Orchesters zu finden! Sieh', dieß ist an den unzähligen Tagen der Fall, wo mein guter Geist aus meinem Innern wich, wo ich meinen Frack anziehe und mich unter die parfümirten Damen und frisirten Herren dränge, um das Glück aufzusuchen, das mir durch die Ohren wieder in die Seele dringen soll. O, da solltest Du die Angst fühlen, mit der ich jeden Ton abwäge, mit der ich jede Klangschwingung abmesse! Wenn es mir hier im Herzen schweigt, bin ich subtil wie die Lassen, die mich heute ärgerten, und es giebt dann Stunden, wo eine Beethoven'sche Sonate mit Violine oder Violoncelle mich zur Flucht bringen kann. – Gesegnet sei der Gott, der den Frühling und die Musik erschuf: – ich bin heute glücklich und kann Dir sagen, daß ich es bin!« Damit füllte er die Gläser von Neuem, wir leerten sie bis auf den letzten Tropfen.

»Soll ich Dir sagen«, – begann ich sodann, – »daß ich mich nicht minder glücklich fühle? Wer möchte es nicht sein, wenn er mit ruhiger Fassung und süßem Behagen soeben die Aufführung zweier Werke anhörte, die ausschließlich durch den Gott der hohen sinnigen Freude geschaffen zu sein scheinen? Ich fand die Zusammenstellung der Mozart'schen mit der Beethoven'schen Symphonie sehr glücklich; es war mir, als ob ich eine wunderbare Verwandtschaft unter beiden Kompositionen gefunden hätte; in beiden ist das klare menschliche Bewußtsein einer zum freudigen Genuß bestimmten Existenz auf eine schöne und verklärende Weise mit der Ahnung des Höheren, Überirdischen verwebt. Nur den Unterschied möchte ich machen, daß in Mozart's Musik die Sprache des Herzens sich zum anmuthigen Verlangen gestaltet, während in Beethoven's Auffassung das Verlangen selbst in kühnerem Muthwillen nach dem Unendlichen greift. In Mozart's Symphonie herrscht das Vollgefühl der Empfindung vor, in der Beethoven'schen das muthige Bewußtsein der Kraft.«

»Wie gern«, – erwiderte mein Freund, – »höre ich dergleichen Ansichten über das Wesen und die Bedeutung so erhabener Instrumentalwerke aussprechen! Ich bin zwar weit entfernt zu glauben, Du habest mit Deinem in aller Kürze soeben hingeworfenen Ausspruch das Wesen jener Schöpfungen ergründet; dieß zu ergründen, geschweige gar es auszusprechen, liegt aber gewiß ebenso wenig in der menschlichen Sprache, als es im Wesen der Musik liegt, klar und bestimmt Dasjenige auszudrücken, was dem Organ des Dichters ausschließlich angehört. Es ist ein Unglück, daß sich so viele Leute durchaus die unnütze Mühe geben wollen, die musikalische und die dichterische Sprache mit einander zu vermengen, und durch die eine Das zu ergänzen oder zu ersetzen, was ihrer beschränkten Ansicht nach in der andern unvollständig bleibt. Es bleibt ein-für allemal wahr: da wo die menschliche Sprache aufhört, fängt die Musik an. Nichts ist nun unleidlicher, als die abgeschmackten Bilder und Geschichtchen, die man jenen Instrumentalwerken zu Grunde legt. Welche Armuth an Geist und Gefühl verräth es doch, wenn ein Zuhörer der Aufführung einer Beethoven'schen Symphonie seine Theilnahme dafür nur dadurch rege zu erhalten im Stande ist, daß er in dem Strome der musikalischen Ergüsse sich die Handlung irgend eines Romanes wiedergegeben vorstellt. Diese Leute sehen sich dann oft veranlaßt, mit dem hohen Meister zu grollen, wenn sie durch einen unerwarteten Streich in dem wohlgeordneten Fortgange ihres untergelegten Histörchens gestört werden; sie werfen dem Komponisten dann Unklarheit und Zerrissenheit vor, und beklagen sich über Mangel an Zusammenhang! – O ihr Tröpfe!«

»Laß das gut sein!« versetzte ich. »Laß einen Jeden nach dem Maßstabe seiner höheren oder geringeren Einbildungskraft sich Vorstellungen und Bilder zusammensetzen, mit deren Hülfe es ihm einzig vielleicht möglich ist, an diesen großen musikalischen Offenbarungen Geschmack zu finden, da ohne ein solches Hülfsmittel so Viele außer Stand gesetzt wären, selbst ihren Kräften nach dieselben zu genießen. Immerhin wirst Du wenigstens gestehen müssen, daß die Zahl der Verehrer unseres Beethoven auf diese Weise eine starke Vermehrung erhalten hat, ja, daß zu hoffen, die Werke des großen Meisters würden auf solchem Wege zu einer Popularität gelangen, die ihnen unmöglich zu Theil werden könnte, wenn sie durchaus nur im idealen Sinne zu verstehen wären.«

»O, um des Himmels willen!« rief R... aus. – »Willst Du auch für diese erhabensten Heiligthümer der Kunst jene banale Popularität reklamiren, die der Fluch alles Edlen und Herrlichen ist? Willst Du etwa auch für sie die Ehre in Anspruch nehmen, daß man nach den begeisternden Rhythmen, in denen sich ihre zeitliche Erscheinung zu erkennen giebt, in einer Dorfschenke tanze?«

»Du übertreibst!« antwortete ich mit Ruhe: »Ich fordere für Beethoven's Symphonien nicht den Ruhm der Straßen und Dorfschenken! Solltest Du es ihnen aber nicht zum Verdienste anrechnen, wenn sie im Stande wären, auch dem engeren, gedrückteren Herzen des gewöhnlichen Weltmenschen eine freudigere Wallung des Blutes zu erregen?«

»Sie sollen kein Verdienst haben, diese Symphonien!« erwiderte mein Freund ärgerlich. »Sie sind für sich und um ihrer selbst willen da, nicht aber um einem Philister das Blut in Umlauf zu setzen. Wer es vermag, der erwerbe sich um sich und seine Seligkeit das Verdienst, jene Offenbarungen zu verstehen, sie selbst aber sind nicht verpflichtet, sich dem Verständnisse kalter Herzen aufzudrängen!«

Ich schenkte ein und sprach lachend: »Du bist der alte Phantast, der gerade da mich nicht verstehen will, wo wir im Grunde gewiß derselben Meinung sind! Lassen wir also die Popularitätsfrage getrost bei Seite! Mache mir aber das Vergnügen und theile mir auch Deine Empfindungen mit, mit denen Du heute die beiden Symphonien anhörtest!«

Meines Freundes Gesicht klärte sich von der flüchtigen Wolke auf, die ihm ein kurzer Verdruß schnell über die Stirne gejagt hatte. Er betrachtete den Dampf, der aus dem heißen Punsche quoll, und lächelte: »Meine Empfindungen? – Ich empfand die laue Wärme eines schönen Frühlingsabends, bildete mir ein, mit Dir unter einer großen Eiche zu sitzen und durch ihre Zweige hinauf zum bestirnten Himmel zu blicken. Des Weiteren empfand ich tausend andere Dinge, die ich Dir nicht sagen kann: Da hast Du Alles!«

»Das ist nicht übel!« versetzte ich. – »Einem unserer Nachbarn war es vielleicht dabei zu Muthe, als rauche er eine Cigarre, tränke Kaffee und liebäugelte mit einer jungen Dame im blauen Kleide.«

»Zuversichtlich«, – setzte R... sarkastisch fort, – »und dem Paukenschläger kam es gewiß so vor, als prügele er seine ungezogenen Jungen, die ihm das Abendbrod noch nicht aus der Stadt gebracht haben. – Vortrefflich! Am Eingange des Gartens gewahrte ich einen Bauer, der voll Verwunderung und Freude der *A dur* Symphonie lauschte: – ich wette meinen Kopf, dieser hat das richtigste Verständniß gehabt, denn vor Kurzem erst wirst Du in einer unserer musikalischen Zeitungen gelesen haben, daß Beethoven, als er diese Symphonie komponirte, sich nichts Anderes zum Vorwurf genommen hat, als eine Bauernhochzeit zu schildern. Der ehrliche Landmann wird sich also sogleich jedenfalls seinen Hochzeitstag in das Gedächtniß zurückgerufen, und seiner Einbildungskraft der Reihe nach alle Akte jenes Tages, als: die Ankunft der Gäste und den Schmaus, den Gang in die Kirche und die Einsegnung, sodann den Tanz, und endlich das Beste, was Braut und Bräutigam für sich behielten, vorgeführt haben.«

»Die Idee ist gut!« rief ich lachend. – »Sage mir um des Himmels willen, warum willst Du dieser Symphonie verwehren, dem braven Bauer auf seine Art eine glückliche Stunde zu bereiten? Hat er nicht verhältnißmäßig dasselbe Entzücken dabei empfunden, wie Du, als Du unter der Eiche saßest und durch ihre Zweige die Sterne am Himmel beobachtetest?«

»Ich gebe Dir nach«, – entgegnete gemüthlich mein Freund, – »dem wackern Bauer erlaube ich mit Vergnügen, sich bei Anhörung der *A dur* Symphonie seine Hochzeit zurückzurufen. Den civilisirten Stadtbewohnern aber, die in musikalischen Zeitungen schreiben, möchte ich die Haare von ihren albernen Köpfen herunterreißen, wenn sie solch' dummes Zeug unter ehrliche Leute bringen, denen sie dadurch von vorn herein alle Unbefangenheit rauben, mit der sie sich ohnedem zur Anhörung der Beethovenschen Symphonie angelassen haben würden. – Anstatt nun ihren natürlichen Empfindungen sich zu überlassen, sehen die armen betrogenen Leute mit vollem Herzen aber schwachem Kopfe sich veranlaßt, durchaus nur einer Bauernhochzeit nachzuspüren, der sie vielleicht nie beigewohnt haben, und statt derer sie sich gewiß mit weit größerer Neigung irgend etwas Anderes vorgestellt hätten, was gerade im Kreis ihrer Einbildungskraft lebt.«

»Du giebst mir also zu«, versetzte ich, – »daß das Wesen jener Produktionen es nicht ausschließe, nach Maßgabe der Individualitäten verschiedenartig aufgefaßt zu werden?« – »Im Gegentheile«, lautete die Antwort, »halte ich dafür, daß eine einzige stereotype Auffassung derselben durchaus unzulässig sei. So bestimmt in den künstlerischen Proportionen einer Beethoven'schen Symphonie das rein musikalische Gebäude selbst vollendet und abgerundet dasteht, so vollkommen und untheilbar es dem höheren Sinne erscheint, so unmöglich ist es jedoch auch, die Wirkungen dieser Kompositionen auf das menschliche Herz auf eine einzig gültige zurückzuführen. Es ist dieß mehr oder weniger mit den Produktionen jeder anderen Kunst derselbe Fall; wie ganz verschiedenartig kann nicht ein und dasselbe Bild, ein und dasselbe Drama auf verschiedenartige Individualitäten, und zu verschiedenen Zeiten sogar auf das Herz ein und desselben Menschen wirken? Und um wie viel bestimmter und abgeschlossener ist der Maler – der Dichter nicht gebunden, seine Gestalten zu zeichnen, als der Instrumental-Komponist, der nicht, wie jene, darauf angewiesen ist, nach den Erscheinungen der Alltagswelt seine Gestalten zu modeln, sondern dem ein unermeßliches Gebiet im Reiche des Überirdischen zu Gebote steht, und dem zur Gestaltung der geistigste Stoff, der Ton, an die Hand gegeben ist? Es heißt aber eben diese hohe Stellung des Musikers herabziehen, wenn man ihn zwingen will, seine Begeisterung den Erscheinungen jener Alltagswelt anzupassen; und noch mehr würde derjenige Instrumentalkomponist seine Sendung verläugnen oder seine eigene Schwäche an den Tag legen, der die beschränkten Proportionen rein weltlicher Erscheinungen in das Gebiet seiner Kunst hinübertragen wollte.«

»Du verwirfst also alle Tonmalerei?« fragte ich.

»Überall«, erwiderte R..., »wo sie nicht entweder im Gebiete des Scherzhaften angewendet ist, oder rein musikalische Erscheinungen wiedergiebt. Im Scherz ist Alles erlaubt, denn sein Wesen ist eine gewisse absichtliche Beschränktheit, und lachen und lachen lassen ist eine schöne, herrliche Sache. Wo die Tonmalerei aber dieses Gebiet verläßt, wird sie absurd. Die Anregungen und Begeisterungen zu einer Instrumental-Komposition müssen derart sein, daß sie nur in der Seele eines Musikers entstehen können!«

»Du sprichst da etwas aus«, entgegnete ich, »was Du schwer beweisen können wirst. Ich bin im Grunde mit Dir einerlei Meinung, nur zweifle ich, ob diese überall mit der unbedingten Verehrung vereinbar sein dürfte, die uns für die Werke unserer großen Meister gemeinschaftlich beseelt. Fühlst Du nicht, daß Du mit Deiner Ansicht Beethoven's Offenbarungen zum Theil entschieden widersprichst?«

»Nicht im Geringsten; im Gegentheil hoffe ich meine Beweise auf Beethoven stützen zu können.«

»Ehe wir uns auf Einzelheiten einlassen«, – fuhr ich fort, – »findest Du nicht, daß Mozart's Auffassung der Instrumentalmusik bei weitem mehr Deiner Behauptung entspricht, als die Beethoven's?«

»Nicht, daß ich wüßte!« – entgegnete mein Freund. – – – »Beethoven hat die Form der Symphonie unendlich erweitert, er hat die Proportionen des älteren musikalischen Periodenbaues, wie sie in Mozart zur höchsten Schönheit gelangten, aufgegeben, um mit kühnerer, jedoch immer besonnener Freiheit seinem ungestümen Genius in Regionen folgen zu können, die nur *seinem* Fluge erreichbar waren; da er zugleich aber auch verstand, diesen kühnen Aufschwüngen eine philosophische Konsequenz zu geben, so hat er, man kann es nicht läugnen, auf der Basis der Mozart'schen Symphonien einen völlig neuen Kunstgenre erschaffen, den er zugleich vollendete, indem er ihn zur abgeschlossensten Höhe erhob. Dieß Alles aber hätte Beethoven nicht vollbringen können, wenn Mozart nicht zuvor sein siegreiches Genie auch auf die Symphonie gerichtet hätte, wenn nicht durch seinen belebenden, idealisirenden Hauch den bis zu ihm allein gültigen, seelenlosen Formen und Proportionen eine geistige Wärme mitgetheilt worden wäre. Von hier ging Beethoven aus, und der Künstler, der Mozart's göttlich reine Seele in sich aufnehmen durfte, konnte nie aus der hohen Sphäre herabsteigen, die das ausschließliche Reich der wahren Musik ist.«

»Du hast Recht!« – versetzte ich. – »Dennoch wirst Du nicht in Abrede stellen, daß Mozart's musikalische Ergüsse eben nur aus rein musikalischen Quellen entsprangen, daß seine Begeisterung sich an ein unbestimmtes inneres Gefühl anknüpfte, das er, selbst wenn er die Fähigkeiten des Dichters besessen hätte, nun und nimmermehr in Worten, sondern lediglich nur in Tönen aussprechen konnte. Ich spreche von den Begeisterungen, die in dem Musiker zu gleicher Zeit mit den Melodien, mit den Tongebilden entstehen. Mozart's Musik trägt den charakteristischen Stempel dieser unmittelbaren Geburt an sich, und es ist unmöglich anzunehmen, daß Mozart im Voraus z.B. den Plan zu einer Symphonie entworfen habe, von der nicht schon alle Thema's, ja das ganze Tongepräge fertig, wie wir es jetzt kennen, in seinem Kopfe lebte. Dagegen kann ich mir nun aber nicht anders vorstellen, als daß Beethoven zunächst den Plan einer Symphonie nach einer gewissen philosophischen Idee aufgenommen und geordnet habe, bevor er seiner Phantasie überließ, die musikalischen Thema's zu erfinden.«

»Und woran willst Du dieß nachweisen?« warf hastig mein Freund ein, – »etwa an der heutigen Symphonie?«

»Es möchte mir an *dieser* schwerer fallen«, antwortete ich, – »genügt Dir aber nicht die bloße Nennung der heroischen Symphonie als Beweis für meine Ansicht? Du weißt, daß diese Symphonie zuerst bestimmt war, den Titel: ›Bonaparte‹ zu führen. Wirst Du also bestreiten können, daß Beethoven durch eine außer dem Bereiche der Musik liegende Idee begeistert, und zu dem Plan dieses Riesenwerkes bestimmt worden sei?«

»Recht, daß Du diese Symphonie nennst!« – fiel R... rasch ein. – »Sage mir, liegt die Idee einer heldenmüthigen Kraft, die mit gigantischem Ungestüm nach dem Höchsten greift, außer dem Bereiche der Musik? Oder findest Du, daß Beethoven seine Begeisterung für den jugendlichen Siegesgott in so kleinlichen Details ausgesprochen habe, daß es Dir vorkommen dürfte, als habe er in dieser Symphonie eine musikalische Kriegsgeschichte des ersten italienischen Feldzuges schreiben wollen?«

»Wohin geräthst Du?« – entgegnete ich; »habe ich so etwas gesagt?«

»Es liegt Deinem Ausspruche zu Grunde«, fuhr mein Freund leidenschaftlich fort. – »Soll man annehmen, daß Beethoven sich hingesetzt habe, eine Komposition zu Ehren Bonaparte's zu entwerfen, so müßte man auch glauben, daß er nichts Anderes zu liefern im Stande gewesen wäre, als eine jener bestellten Gelegenheits-Kompositionen, die sämmtlich den Stempel einer todten Geburt an sich tragen. Wie himmelweit ist aber die *Sinfonia eroica* entfernt, eine solche Ansicht zu rechtfertigen! Im Gegentheil würde der Meister, hätte er sich eine ähnliche Aufgabe gestellt, sie sehr unbefriedigend gelöst haben: – sage mir, wo, in welcher Stelle dieser Komposition findest Du einen Zug, von dem man mit Recht annehmen könne, der Komponist habe in ihm irgend einen speziellen Moment der Heldenlaufbahn des jugendlichen Feldherrn bezeichnen wollen? Was soll der Trauermarsch, das Scherzo mit den Jagdhörnern, das Finale mit dem weichen, empfindungsvoll eingewebten Andante? Wo ist die Brücke von Lodi, wo die Schlacht bei Arcole, wo der Marsch nach Leoben, wo der Sieg bei den Pyramiden, und wo der 18. Brumaire? Sind dieß nicht Momente, die kein Komponist unserer Tage sich würde haben entgehen lassen, sobald er eine biographische Symphonie auf

Bonaparte hätte schreiben wollen? – In Wahrheit, hier war es aber anders der Fall, und laß Dir meine Ansicht mittheilen, die ich über das Empfängniß dieser Symphonie habe. – Wenn sich ein Musiker gedrängt fühlt, die kleinste Komposition zu entwerfen, so geschieht dieß nur durch die anregende Gewalt einer Empfindung, die in der Stunde der Konzeption sein ganzes Wesen überwältigt. Diese Stimmung möge nun durch ein äußeres Erlebniß herbeigeführt werden, oder einer inneren geheimnißvollen Quelle entsprungen sein; sie möge sich als Schwermuth, Freude, Sehnsucht, behagliche Befriedigung, Liebe oder Haß zeigen, so wird sie im Musiker immer eine musikalische Gestaltung annehmen, und von selbst in Tönen sprechen, ehe sie noch in Töne gebracht worden ist. Diejenigen großen, leidenschaftlichen und andauernden Empfindungen aber, welche die vorzügliche Richtung unserer Gefühle und Ideen oft zu Monaten, zu halben Jahren beherrschen, sind es, die auch den Musiker zu jenen breiteren, umfassenderen Konzeptionen drängen, denen wir unter anderen das Dasein einer *Sinfonia eroica* verdanken. Diese großen Stimmungen können sich als tiefes Seelenleiden, oder als kraftvolle Erhebung, von äußeren Erscheinungen herleiten, denn wir sind Menschen und unser Schicksal wird durch äußere Verhältnisse regiert; da aber, wo sie den Musiker zur Produktion hindrängen, sind auch diese großen Stimmungen in ihm bereits zu Musik geworden, so daß den Komponisten in den Momenten der schaffenden Begeisterung nicht mehr jenes äußere Ereigniß, sondern die durch dasselbe erzeugte musikalische Empfindung bestimmt. Welche Erscheinung wäre würdiger gewesen, die Sympathie, die Begeisterung eines so feurigen Genie's, als das Beethoven's, zu erwecken und lebendig zu erhalten, als die des jugendlichen Halbgottes, der eine Welt zertrümmerte, um aus seinen Kräften eine neue zu erschaffen? Stelle man sich vor, wie es dem heldenmüthigen Musiker zu Muthe sein mußte, als er von That zu That, von Sieg zu Sieg den Mann verfolgte, von dem Freund wie Feind zu gleicher Bewunderung hingerissen wurde! Dazu der Republikaner Beethoven, der von jenem Helden die Verwirklichung seiner idealen Träume von einem Zustande der allgemeinen Menschenbeglückung erwartete! Wie mußte es in seinen Adern brausen, wie in seinem Herzen glühen, wenn ihm überall, wohin er sich wendete, um sich mit seiner Muse zu berathen, jener glorreiche Name entgegentönte! – Auch *seine* Kraft mußte sich zu einem außerordentlichen Schwunge angeregt, sein Siegesmuth zu einer großen, unerhörten That angespornt fühlen! Er war nicht Feldherr, – er war Musiker, und so sah *er in seinem* Reiche das Gebiet vor sich, in dem er dasselbe verrichten konnte, was Bonaparte in den Gefilden Italiens vollbracht hatte. Die in ihm auf's Höchste gespannte musikalische Thatkraft ließ ihn ein Werk konzipiren, wie es vorher noch nie gedacht, noch nie ausgeführt worden war: er führte seine *Sinfonia eroica* aus, und wohl fühlend, wem er den Impuls zu diesem Riesenwerke verdankte, schrieb er den Namen ›Bonaparte‹ auf das Titelblatt. Und in der That, ist diese Symphonie nicht ein ebenso großes Zeugniß menschlicher Schöpfungskraft, als Bonaparte's glorreicher Sieg? Dennoch frage ich, beurkundet irgend ein Merkzeichen in der Art der Ausführung dieser Komposition einen unmittelbaren äußeren Zusammenhang mit dem Schicksale des Helden, der damals noch nicht einmal auf der höchsten Stufe des ihm bestimmten Ruhmes angelangt war? Ich bin so glücklich, in ihr nur ein gigantisches Denkmal der Kunst zu bewundern, mich an der Kraft und der wohllüstig erhebenden Empfindung, die mir bei Anhörung derselben die Brust schwellt, zu stärken, und überlasse anderen, gelehrten Leuten, aus den geheimnißvollen Hieroglyphen dieser Partitur die Schlachten bei Rivoli und Marengo herauszubuchstabiren!«

Die Nachtluft war noch kühler geworden; der Kellner, der sich während des Gesprächs genähert, hatte meinen Wink verstanden und den Punsch entfernt, um ihn aufwärmen zu lassen; jetzt kam er zurück, und von Neuem dampfte das erwärmende Getränk vor unseren Augen. Ich schenkte ein und reichte R... meine Hand.

»Wir sind einig«, sprach ich, – »wie immer, wenn es sich um die innigsten Fragen der Kunst handelt. Seien unsere Kräfte auch noch so schwach, so verdienten wir doch nicht einmal den Namen wahrer Musiker, wenn wir in so grobe Irrthümer über das Wesen unserer Kunst verfallen könnten, wie Du sie soeben rügtest. Das, was die Musik ausspricht, ist ewig, unendlich und ideal; sie spricht nicht die Leidenschaft, die Liebe, die Sehnsucht dieses oder jenes Individuums in dieser oder jener Lage aus, sondern die Leidenschaft, die Liebe, die Sehnsucht selbst, und zwar in den unendlich mannigfaltigen Motivirungen, die in der ausschließlichen Eigenthümlichkeit der Musik begründet liegen, jeder andern Sprache aber fremd und unausdrückbar sind. Jeder soll und kann nach seiner Kraft, seiner Fähigkeit und seiner Stimmung, aus ihr genießen, was er zu genießen und zu empfinden fähig ist!« –

»Und ich genieße heute«, – unterbrach mein Freund voll Begeisterung, – »die Freude, das Glück, die entzückende Ahnung einer höheren

Bestimmung aus den wundervollen Offenbarungen, in denen Mozart und Beethoven an diesem herrlichen Frühlingsabende zu uns sprachen. Es lebe das Glück, es lebe die Freude! Es lebe der Muth, der uns im Kampfe mit unserem Schicksale beseelt! Es lebe der Sieg, den unser höheres Bewußtsein über die Nichtswürdigkeit des Gemeinen erringt! Es lebe die Liebe, die unsern Muth belohnt; es lebe die Freundschaft, die unsern Glauben aufrecht erhält! Es lebe die Hoffnung, die sich unserer Ahnung vermählt! Es lebe der Tag, es lebe die Nacht! Hoch der Sonne! Hoch den Sternen! Dreimal hoch die Musik und ihre Hohenpriester! Ewig verehrt und angebetet sei Gott, der Gott der Freude und des Glückes, – der Gott, der die Musik erschuf! Amen.« –

Arm in Arm verschlungen traten wir unsern Heimweg an; wir drückten uns die Hände, und sprachen kein Wort weiter.

4. Über deutsches Musikwesen

Diesen und die folgenden Aufsätze theile ich nun aus dem Nachlasse meines verstorbenen Freundes mit. Der hier voranstehende scheint mir dazu bestimmt gewesen zu sein, für seine Pariser Unternehmung unter den Franzosen Freunde zu werben, während die nachfolgenden bereits unverkennbar abschreckenden Eindrücken vom Pariser Wesen ihre Entstehung verdanken.

Dank sei es den Bemühungen einer Anzahl ausgezeichneter Künstler, die sich eigens zu diesem Ziele vereinigt zu haben scheinen, – Dank ihnen und ihrem Verdienste, die genialsten Produkte der deutschen Musik sind dem Pariser Publikum nicht mehr unbekannt; sie sind ihm auf das Würdigste vorgeführt, und somit auch auf das Begeistertste von ihm aufgenommen worden. Man hat begonnen, die Schranke zu zertrümmern, die, wird sie vielleicht auch ewig die Nationen selbst trennen, doch nie ihre Künste trennen sollte; man kann selbst sagen, daß die Franzosen durch ihre bewiesene bereitwillige Anerkennung fremder Produktionen sich mehr auszeichneten, als die Deutschen, die im Übrigen jedem fremden Einflusse schneller und beinahe schwächer unterliegen, als es wiederum zur Aufrechthaltung einer gewissen Selbstständigkeit gut ist. Der Unterschied ist dieser: – der Deutsche, der selbst nicht die Fähigkeit besitzt, eine Mode aufzubringen, nimmt sie unbedenklich an, wenn sie ihm vom Auslande zukommt; in dieser Schwäche vergißt er sich selbst und opfert blindlings dem fremden Eindrucke sein eigenes Urtheil auf. Dieß gilt aber hauptsächlich nur von der Masse des deutschen Publikums; denn auf der andern Seite sehen wir, daß sich, vielleicht eben aus Widerwillen gegen diese allgemeine Schwäche, der Musiker von Profession wieder zu scharf von der Masse abscheidet, und in einem falschen patriotischen Eifer einseitig und ungerecht im Urtheil über ausländische Erzeugnisse wird. – Gerade umgekehrt ist dieß bei den Franzosen: die Masse des französischen Publikums ist vollkommen befriedigt durch seine National-Produkte und fühlt nicht im Geringsten das Verlangen, seinen Geschmack zu erweitern; desto freimüthiger ist aber die höhere Klasse der Musikfreunde in der Anerkennung fremden Verdienstes; sie liebt mit Enthusiasmus zu bewundern, was ihr aus dem Auslande Schönes und Ungekanntes zukommt. Deutlich spricht dafür die begeisterte Aufnahme, welche der deutschen Instrumentalmusik so schnell zu Theil wurde. Ob man aber demohngeachtet sagen könne, der Franzose *verstehe* die deutsche Musik vollkommen, ist eine andere Frage, deren Beantwortung zweifelhaft ausfallen muß. Zwar wäre es unmöglich zu behaupten, der Enthusiasmus, den die meisterhafte Exekution einer Beethoven'schen Symphonie durch das Orchester des Conservatoirs hervorbringt, sei ein affektirter; dennoch würde es genügen, die Ansichten, Begriffe und Imaginationen dieses oder jenes Enthusiasten zu vernehmen, die in ihm die Anhörung einer solchen Symphonie erzeugte, um sogleich zu erkennen, daß der deutsche Genius durchaus noch nicht vollkommen verstanden sei. – Werfen wir daher einen ausführlicheren Blick auf Deutschland und den Zustand seiner Musik, um klarer anzudeuten, wie sie aufgefaßt werden müsse.

Man hat einmal den Satz aufgestellt: der Italiener gebrauche die Musik zur Liebe, der Franzose zur Gesellschaft, der Deutsche aber treibe sie als Wissenschaft. Das würde vielleicht etwas besser heißen: der Italiener ist Sänger, der Franzose Virtuos, der Deutsche – Musiker. Der Deutsche hat ein Recht, ausschließlich mit »Musiker« bezeichnet zu werden, – denn von ihm kann man sagen, er liebt die Musik ihrer selbst willen, nicht als Mittel zu entzücken, Geld und Ansehen zu erlangen, sondern, weil sie eine göttliche, schöne Kunst ist, die er anbetet, und die, wenn er sich ihr ergiebt, sein Ein und Alles wird. Der Deutsche ist im Stande, Musik zu schreiben bloß für sich und seinen Freund, gänzlich unbekümmert, ob sie jemals exekutirt und von einem Publikum vernommen werden solle. Die Begierde, mit seinen Produktionen zu glänzen, erfaßt selten den Deutschen, die meisten wüßten es gar nicht einmal, wie anfangen? Vor welches Publikum sollte er treten? – Sein Vaterland ist getheilt in eine Anzahl von Königreichen, Churfürstenthümern, Herzogthümern und freien Reichsstädten; er wohnt vielleicht in der Landstadt eines Herzogthumes; in dieser Landstadt glänzen zu wollen, fällt ihm nicht ein, denn es ist da gar nicht einmal ein Publikum; besitzt er wirklich Ehrgeiz, oder ist er genöthigt, durch seine Musik sich zu ernähren, – so geht er also in die Residenz seines Herzogs; aber in dieser kleinen Residenz giebt es schon viele tüchtige Musiker, – es wird ihm also blutsauer, sich vorwärts zu bringen; endlich dringt er durch; seine Musik gefällt: im nächsten Herzogthume weiß aber kein Mensch etwas von ihm, – wie soll er es also anfangen, sich in Deutschland bekannt zu machen? Er versucht es, wird aber darüber alt und stirbt; er wird begraben und kein Mund nennt ihn mehr. Dieß ist ohngefähr die Geschichte von Hunderten;

was also Wunder, wenn sich Tausende gar nicht erst darum bemühen, eine Carrière als Musiker zu machen? Sie ergreifen lieber ein Handwerk, um sich zu ernähren, und um sich in den Freistunden desto ungestörter mit ihrer Musik beschäftigen zu können, um sich an ihr zu erquicken, zu veredeln, nicht aber durch sie zu glänzen. Und glaubt man etwa, daß sie nur Handwerk-Musik machen? O nein! Gehet hin und belauscht sie eines Winterabends im kleinen Stübchen; dort sitzen ein Vater und seine drei Söhne um einen runden Tisch; die einen spielen Violine, der dritte die Bratsche, der Vater das Violoncello; was ihr so tief und innig vortragen hört, ist ein Quartett, das jener kleine Mann komponirte, der den Takt schlägt. – Dieser ist aber der Schulmeister aus dem benachbarten Dorfe, und das Quartett, was er komponirte, ist kunstvoll, schön und tiefgefühlt. – Nochmals, gehet hin, und höret an diesem Ort, von diesem Autor, diese Musik aufführen, so werdet ihr bis zu Thränen gerührt werden und die Musik wird euer Innerstes durchdringen; ihr werdet wissen, was deutsche Musik ist, ihr werdet empfinden, was es ist, das deutsche Gemüth![1] Hier handelte es sich nicht darum, durch diese oder jene glänzende Passage diesem oder jenem Virtuosen Gelegenheit zu geben, ein rauschendes Bravo zu gewinnen; – Alles ist rein und unschuldig, aber eben deßhalb edel und erhaben. – Stellt aber diese herrlichen Musiker nun vor ein großes Publikum, in einen glänzenden Salon, – so sind es nicht mehr dieselben; ihre verschämte Schüchternheit wird es ihnen nicht erlauben, die Augen aufzuschlagen; sie werden ängstlich werden, und fürchten, euern Anforderungen nicht genügen zu können. Sie werden sich erkundigen, mit welchen Künsten man euch sonst befriedigte, und im blöden Mangel an Selbstvertrauen werden sie sich ihrer eigenen Natur schamvoll begeben, um jene Künste schnell nachzuahmen, die sie nur vom Hörensagen kennen. Nun werden sie sich angstvoll bemühen, euch auch glänzende Passagen vorzumachen; dieselben Stimmen, die das schöne deutsche Lied so rührend sangen, werden sich in der Eile italienische Koloraturen einüben. Diese Passagen und Koloraturen wollen ihnen aber nicht glücken; ihr habt sie viel besser gehört, und langweilt euch über die Stümper. – Und doch sind diese Stümper die wahrsten Künstler, und in ihren Herzen glüht eine schönere Wärme, als je Diejenigen über euch ausgossen, die in euren glänzenden Salons euch bisher

---

1   Man sieht, der Verfasser war jung, und kannte das elegante neuere Musikdeutschland noch nicht. Der Herausgeber.

entzückt! Womit verdarben sich also jene Künstler? – Sie waren zu bescheiden und schämten sich ihrer Natur. Dieß ist der traurige Theil der Geschichte der deutschen Musik[2].

Sowohl die Natur als die Einrichtung seines Vaterlandes setzt dem deutschen Künstler harte Schranken. Die Natur versagt ihm die leichte und weiche Bildung eines Hauptorganes, des Gesanges, wie wir sie in den glücklichen italienischen Kehlen finden; – die politische Einrichtung erschwert ihm die höhere Öffentlichkeit. Der Opern-Komponist sieht sich genöthigt, eine vortheilhafte Behandlung des Gesanges von den Italienern zu erlernen, für seine Werke selbst aber die Bühnen des Auslandes zu suchen, da er in Deutschland nicht diejenige findet, auf der er sich einer Nation zeigen kann. Denn was diesen letzteren Punkt betrifft, so kann man annehmen, daß der Komponist, der seine Werke in Berlin aufführte, schon deßwegen in Wien oder München gänzlich unbekannt bleibt; erst vom Ausland aus kann es ihm gelingen, auf das gesammte Deutschland zu wirken. Ihre Werke gleichen daher immer nur Provinzial-Erzeugnissen, und ist einem Künstler selbst ein großes Vaterland schon zu klein, so muß eine Provinz desselben dieß noch mehr sein. Das einzelne Genie schwingt sich nun wohl über alle diese Schranken hinaus, ab er gewiß meist nur durch Aufopferung einer gewissen National-Selbstständigkeit. Das wahrhaft Eigenthümliche des Deutschen bleibt in einem gewissen Sinne somit immer provinzial, so wie wir nur preußische, schwäbische, österreichische Volkslieder, nirgends aber ein deutsches Nationallied haben.

Dieser Mangel an Centralisation, wenn er sonach auch Ursache ist, daß nie ein großes National-Musikwerk zum Vorschein kommen wird, ist nichtsdestoweniger der Grund, daß die Musik bei den Deutschen einen so innigen und wahren Charakter durchaus erhalten hat. Eben weil es z.B. an einem großen Hofe fehlt, der Alles um sich versammelte, was Deutschland an künstlerischen Kräften besitzt, um diese vereint nach einer Richtung zum höchsterreichbaren Ziele zu treiben, – eben deßhalb finden wir, daß jede Provinz ihre Künstler aufzuweisen hat, die selbstständig ihre theure Kunst pflegen. Die Folge ist also die allgemeine Verbreitung der Musik bis in die unscheinbarsten Ortschaften, bis in die niedrigsten Hütten. Es ist erstaunlich und überraschend, welche

---

2 Dieser Gram und diese Scham wäre in unserer Zeit glücklich überwunden! D. H.

63

musikalischen Kräfte man oft in den unbedeutendsten Städten Deutschlands bei einander findet; und fehlt es auch mitunter an Sängern für die Oper, so wird man doch überall ein Orchester antreffen, das Symphonien gewöhnlich vortrefflich zu spielen versteht. In Städten von 20 bis 30,000 Einwohnern kann man darauf zählen, statt *eines* oft zwei bis drei wohl organisirte Orchester anzutreffen[3], ungezählt die zahllosen Dilettanten, die oft ebenso tüchtige, wenn nicht sogar noch gebildetere Musiker sind, als die von Profession. Nun muß man aber wissen, was man unter einem deutschen Musiker zu verstehen hat; selten findet man, daß das gewöhnlichste Orchestermitglied bloß dasjenige Instrument verstehen sollte, für welches es eben verwendet wird; man kann durchschnittlich annehmen, daß jeder wenigstens auf drei Instrumenten gleiche Fertigkeit besitzt. Was aber mehr ist, – jeder ist gewöhnlich auch Komponist, und nicht etwa bloßer Empiriker, sondern er hat Harmonielehre und Kontrapunkt aus dem Grunde erlernt. Die meisten unter den Musikern eines Orchesters, das eine Beethovensche Symphonie spielt, kennen diese auswendig, so daß aus diesem Selbstbewußtsein oft sogar ein gewisser Übermuth entsteht, der bei der Ausführung eines solchen Werkes nachtheilig wirkt; denn er läßt den Musiker oft weniger das Ensemble beachten, indem jeder Einzelne sich seiner individuellen Auffassung hingiebt.

Mit Recht müssen wir somit annehmen, daß die Musik in Deutschland bis in die unterste und unscheinbarste Gesellschaft verzweigt sei, ja vielleicht hier ihre Wurzel habe; denn die höhere, glänzendere Gesellschaft kann in Deutschland in diesem Bezug nur eine Erweiterung jener niederen und engeren Kreise genannt werden. In diesen stillen, anspruchslosen Familien also, nehmen wir an, befinde sich die deutsche Musik so recht zu Hause, und wirklich, hier, wo die Musik nicht als Mittel zu glänzen, sondern als Seelen-Erquickung angesehen wird, ist sie zu Hause. Unter diesen einfachen, schlichten Gemüthern, wo es sich nicht darum handelt, ein großes, gemischtes Publikum zu unterhalten, streift natürlicherweise die Kunst jede kokette und prunkende Außenhülle ab und erscheint in ihrem eigenthümlichsten Reize der Reinheit und Wahrheit.

---

3 Dieß war unserem Freunde seiner Zeit in *Würzburg* wirklich begegnet, wo, außer einem vollständigen Theaterorchester, die Orchester einer Musikgesellschaft und eines Seminares abwechselnd sich zu Gehör brachten. D. H.

Hier verlangt das Ohr nicht allein Befriedigung, sondern das Herz, die Seele will erquickt sein; der Deutsche will seine Musik nicht nur fühlen, er will sie auch denken. Somit schwindet die Luft zur Befriedigung des bloßen Sinnenreizes, und das Verlangen nach Geisteslabung tritt ein. Da es also dem Deutschen nicht genug ist, seine Musik bloß sinnlich wahrzunehmen, so macht er sich mit ihrem inneren Organismus vertraut, er studirt die Musik; er studirt die Lehre des Kontrapunktes, um sich klarer bewußt zu werden, was ihn in den Meisterwerken so gewaltig und wunderbar anzog; er lernt die Kunst ergründen, und wird somit endlich selbst Tondichter. Dieses Bedürfniß vererbt sich nun vom Vater zum Sohn, und die Befriedigung desselben wird somit ein wesentlicher Theil der Erziehung. Alles, was der wissenschaftliche Theil der Musik Schwieriges enthält, erlernt der Deutsche als Kind neben seinen Schul-studien, und sobald er dann im Stande ist, selbstständig zu denken und zu fühlen, so ist nichts natürlicher, als daß er auch die Musik mit in sein Denken und Fühlen einschließt, und, weit entfernt ihre Ausübung bloß als eine Unterhaltung anzusehen, mit eben der Religiosität an sie geht, wie an das Heiligste seines Lebens. Er wird somit zum Schwärmer, und diese innige, fromme Schwärmerei, mit der er die Musik auffaßt und ausführt, ist es, was hauptsächlich die deutsche Musik charakterisirt.

Sowohl dieser Hang, als vielleicht auch der Mangel an schöner Stimmbildung verweist den Deutschen auf die Instrumentalmusik. – Halten wir überhaupt fest, daß jede Kunst einen Genre besitzt, in wel-chem sie am selbstständigsten und eigenthümlichsten repräsentirt wird, so ist dieß bei der Musik jedenfalls im Genre der Instrumentalmusik der Fall. In jedem andern Genre tritt ein zweites Element hinzu, das schon an sich selbst die Einheit und Selbstständigkeit des Einen aufhebt, und sich, wie wir erfahren haben, doch nie zu der Höhe des andern empor-schwingt. Durch welchen Wust von Anhängseln anderer Kunstproduk-tionen muß man sich nicht erst durcharbeiten, um bei Anhörung einer Oper zur eigentlichen Tendenz der Musik selbst zu gelangen! Wie fühlt der Komponist sich genöthigt, hier und da seine Kunst fast völlig unter-zuordnen, und dieß sogar oft Dingen, die der Würde aller Kunst zuwider sind. In den glücklichen Fällen, wo der Werth der Hülfsleistungen der assoziirten Künste sich zu gleicher Höhe mit dem Werthe der Musik selbst erhebt, entsteht zwar wirklich ein neuer Genre, dessen klassischer Werth und tiefe Bedeutung hinlänglich anerkannt ist, das aber immer und jedenfalls dem Genre der höheren Instrumentalmusik untergeordnet bleiben muß, weil in ihm doch wenigstens immer die Selbstständigkeit der Kunst selbst geopfert ist, während sie in diesem ihre höchste Bedeutung, ihre vollkommenste Ausbildung erreicht. – Hier, im Gebiete der Instrumentalmusik, ist es, wo der Künstler, frei von jedem fremden und beengenden Einflusse, im Stande ist, am unmittelbarsten an das Ideal der Kunst zu reichen; hier, wo er die seiner Kunst eigenthümlichst angehörenden Mittel in Anwendung zu bringen hat, ist er sogar gebunden, im Gebiete seiner Kunst selbst zu verbleiben.

Was Wunder, wenn der ernste, tiefe und schwärmerische Deutsche gerade diesem Genre der Musik sich mit größerer Vorliebe als jedem anderen zuwendet? Hier wo er sich ganz seinen träumerischen Phantasien hingeben kann, wo die Individualität einer bestimmten und begränzten Leidenschaft nicht seine Imagination fesselt, wo er im großen Reiche der Ahnungen sich ungebunden verlieren kann, – hier fühlt er sich frei und in seiner Heimath. Um sich die Meisterwerke dieses Genre's der Kunst zu versinnlichen, bedarf es keiner glänzenden Bühnen, keiner kostbaren ausländischen Sänger, keiner Pracht der theatralischen Ausstattung; ein Klavier, eine Violine reicht hin, die glänzendsten und hinreißendsten Imaginationen wach zu rufen; und Jeder ist Meister eines dieser Instrumente, und am kleinsten Orte finden sich ihrer genug zusammen, um selbst ein Orchester zu bilden, das die gewaltigsten und riesenhaftesten Schöpfungen wiederzugeben im Stande ist. Und ist es denn möglich, daß mit der üppigsten Zuthat aller anderen Künste ein prachtvolleres und erhabeneres Gebäude aufgerichtet werden könne, als ein einfaches Orchester im Stande ist, in der Aufführung einer Beethoven'schen Symphonie zu erbauen? Gewiß nicht! Die reichste sinnliche Ausstattung kann nimmermehr das vergegenwärtigen, was eine Aufführung jener Meisterwerke in Wirklichkeit selbst hinstellt.

Die Instrumentalmusik ist somit das ausschließliche Eigenthum des Deutschen, – sie ist sein Leben, sie ist seine Schöpfung! Und eben in jener bescheidenen, schüchternen Verschämtheit, die einen Hauptzug des deutschen Gemüthes ausmacht, mag das Gedeihen dieses Genre's einen wichtigen Grund haben. Diese Kunst, diesem seinen innern Heiligthum, nach außen hin zu prunken. Mit richtigem Takte fühlt er, daß er mit diesem Heraustreten sogar seine Kunst verläugnet, denn sie ist so reinen, ewigen Ursprunges, daß sie durch weltliche Prunksucht leicht entstellt wird. Der Deutsche kann sein musikalisches Entzücken nicht der Masse mittheilen, er kann dieß nur dem vertrautesten Kreise seiner Umgebung.

In diesem Kreise nun läßt er sich frei gehen. Da läßt er die Thränen der Freude und des Schmerzes ungehindert fließen, und deßhalb ist es hier, wo er Künstler im vollsten Sinne des Wortes wird. Ist dieser Kreis nicht zahlreich genug, so sind es ein Klavier und ein paar Saiteninstrumente, auf denen musizirt wird; – man spielt eine Sonate, ein Trio oder ein Quartett, oder singt das deutsche vierstimmige Lied. Erweitert sich dieser vertraute Kreis, so wächst die Zahl der Instrumente, und man spielt die Symphonie. – Auf diese Art ist man berechtigt, anzunehmen, daß die Instrumentalmusik aus dem Herzen des deutschen Familienlebens hervorgegangen ist; daß sie eine Kunst ist, die nicht von der Masse eines großen Publikums, sondern nur vom vertrauten Kreise Weniger verstanden und gewürdigt werden kann. Es gehört eine edle, reine Schwärmerei dazu, in ihr das wahre, hohe Entzücken zu finden, das sie nur über den Eingeweihten ausgießt; dieß kann aber nur der ächte Musiker sein, nicht die Masse eines unterhaltungssüchtigen Salon-Publikums. Denn Alles, was von diesem letzteren als pikante, glänzende Episoden aufgefaßt und begrüßt zu werden pflegt, wird auf diese Art vollkommen misverstanden, und somit bloß in der Reihe der eiteln, koketten Künste Das eingereiht, was dem innersten Kerne der reinsten Kunst entsprang.

Wir wollen uns ferner bemühen, zu zeigen, wie auf derselben Basis alle deutsche Musik gegründet ist.

Schon im Vorhergehenden erwähnte ich, warum der Genre der Vokalmusik bei weitem weniger einheimisch bei den Deutschen sei, als der der Instrumentalmusik. Man kann zwar nicht läugnen, daß auch die Vokalmusik bei den Deutschen eine ganz besondere und eigene Richtung annahm, die ebenfalls im Wesen und in den Bedürfnissen des Volkes ihren Ausgangspunkt findet. Nie jedoch hat der größte und wichtigste Genre der Vokalmusik, – die dramatische Musik in Deutschland eine gleiche Höhe und selbstständige Ausbildung erreicht, wie sie der Instrumentalmusik zu Theil ward. Der Glanz der deutschen Vokalmusik blühte in der Kirche; die Oper wurde den Italienern überlassen. Selbst die katholische Kirchenmusik ist in Deutschland nicht zu Hause, dafür aber ausschließlich die protestantische. Den Grund dafür finden wir wiederum in der Einfachheit der deutschen Sitten, die dem kirchlichen Prunk des Katholizismus bei weitem weniger zugethan sein konnten, als den einfachen und anspruchslosen Gebräuchen des protestantischen Kultus. Der Pomp des katholischen Gottesdienstes wurde von den Fürsten und Höfen dem Auslande entliehen, und mehr oder weniger sind alle deutschen katholischen Kirchenkomponisten Nachahmer der Italiener gewesen. Statt allen Prunkes genügte aber in den älteren protestantischen Kirchen der einfache Choral, der von der gesammten Gemeinde gesungen und von der Orgel begleitet wurde. Dieser Gesang, dessen edle Würde und ungezierte Reinheit nur aus wahrhaft frommen und einfachen Herzen entspringen konnte, darf und muß ausschließlich als deutsches Eigentum angesehen werden. In Wahrheit trägt auch die künstlerische Konstruktion des Chorals ganz den Charakter deutscher Kunst; die Neigung des Volkes zum Liede findet man in den kurzen und populären Melodien des Chorals beurkundet, von denen manche auffallende Ähnlichkeit mit anderen profanen, aber immer kindlich frommen Volksliedern haben. Die reichen und kräftigen Harmonien aber, welche die Deutschen ihren Choralmelodien unterlegen, bezeugen den tiefen künstlerischen Sinn der Nation. Dieser Choral nun, an und für sich eine der würdigsten Erscheinungen in der Geschichte der Kunst, muß als Grundlage aller protestantischen Kirchenmusik angesehen werden; auf ihr baute der Künstler weiter, und errichtete die großartigsten Gebäude. Als nächste Erweiterung und Vergrößerung des Chorales müssen die *Motetten* angesehen werden. Diese Kompositionen hatten dieselben kirchlichen Lieder, wie die Choräle, zur Unterlage; sie wurden ohne Begleitung der Orgel nur von Stimmen vorgetragen. Die großartigsten Kompositionen von diesem Genre besitzen wir von *Sebastian Bach*, sowie dieser überhaupt als der größte protestantische Kirchen-Komponist betrachtet werden muß.

Die Motetten dieses Meisters, die im kirchlichen Gebrauch ähnlich wie der Choral verwendet wurden (nur daß diese nicht von der Gemeinde, sondern ihrer größeren Kunstschwierigkeit wegen von einem besonderen Sängerchore ausgeführt wurden), sind unstreitig das Vollendetste, was wir von selbstständiger Vokalmusik besitzen. Neben der reichsten Fülle des tiefsinnigsten Kunstaufwandes herrscht in diesen Kompositionen immer eine einfache, kräftige, oft hochpoetische Auffassung des Textes im ächt protestantischen Sinne vor. Dabei ist die Vollendung der äußeren Formen dieser Werke so groß und in sich abgeschlossen, daß sie von keiner anderen Kunsterscheinung übertroffen wird. Noch erweitert und vergrößert finden wir aber diesen Genre in den großen Passionsmusiken und Oratorien. Die Passionsmusik, fast ausschließlich dem großen Sebastian Bach eigen, hat die Leidensgeschichte des Heilandes zum Grunde, wie sie von den Evangelisten geschrieben ist; der ganze Text ist wörtlich komponirt: außerdem sind aber an den einzelnen Abschnitten der Erzählung auf die jedesmaligen Momente derselben sich beziehende Verse aus den Kirchengesängen eingeflochten, an den wichtigsten Stellen sogar der Choral selbst, der auch wirklich von der gesammten Gemeinde gesungen wurde. Auf diese Art ward eine Aufführung einer solchen Passionsmusik eine große religiöse Feierlichkeit, an der die Künstler wie die Gemeinde gleichen Antheil nahmen. Welcher Reichthum, welche Fülle von Kunst, welche Kraft, Klarheit, und dennoch prunklose Reinheit sprechen aus diesen einzigen Meisterwerken! In ihnen ist das ganze Wesen, der ganze Gehalt der deutschen Nation verkörpert, was man um so mehr berechtigt ist anzunehmen, als ich nachgewiesen zu haben glaube, wie auch diese großartigen Kunstproduktionen aus den Herzen und Sitten des deutschen Volkes hervorgingen.

Die Kirchenmusik hatte somit ihren Ursprung, wie ihre Blüthe, dem Bedürfnisse des Volkes zu danken. Ein ähnliches Bedürfniß hat aber nie die dramatische Musik bei den Deutschen hervorgerufen. Die Oper hatte seit ihrem ersten Entstehen in Italien einen so sinnlichen und prunkenden Charakter angenommen, daß sie in dieser Gestalt den ernsten, gemüthvollen Deutschen unmöglich das Bedürfniß ihres Genusses abgewinnen konnte. Die Oper war mit der Zuthat von Ballet und Dekorations-Pomp so bald in den Verruf einer bloßen üppigen Unterhaltung für die Höfe gekommen, daß sie in den ersten Zeiten in der That auch nur von diesen gepflegt und geschätzt wurde. Wie aber die Höfe, und zumal die deutschen Höfe, so entschieden vom Volke getrennt und abgeschlossen waren, konnten natürlich auch ihre Vergnügungen nie zugleich die des Volkes werden. Deßhalb sehen wir denn selbst fast noch im Verlaufe des ganzen verflossenen Jahrhunderts in Deutschland die Oper wie einen ganz ausländischen Kunstgenre gepflegt. Jeder Hof hatte seine italienische Truppe, welche die Opern italienischer Komponisten sang; denn anders als in italienischer Sprache und von Italienern gesungen, konnte man sich damals gar keine Oper denken. Derjenige deutsche Komponist, der auch Opern schreiben wollte, mußte italienische Sprache und italienische Gesangsmanier erlernen, und konnte nur beifällig aufgenommen werden, wenn er sich als Künstler gänzlich denationalisirt hatte. Nichtsdestoweniger waren es aber oft *Deutsche*, welche auch in diesem Genre den ersten Preis erhielten; die universelle Richtung, deren der deutsche Genius fähig ist, machte es dem deutschen Künstler leicht, sich selbst auf fremdem Terrain einheimisch zu machen. Wir sehen, wie die Deutschen sich schnell in Das, was National-Eigenthümlichkeit bei ihren Nachbarn zur Geburt brachte, hineinfühlen, und sich dadurch von Neuem einen festen Standpunkt verschaffen, von dem aus sie dann den ihnen inwohnenden Genius weit über die Gränzen der beschränkenden Nationalität hinaus die schöpferischen Schwingen ausbreiten lassen. Der deutsche Genius scheint fast bestimmt zu sein, das, was seinem Mutterlande nicht eingeboren ist, bei seinen Nachbarn aufzusuchen, dieß aber aus seinen engen Gränzen zu erheben und somit etwas Allgemeines für die ganze Welt zu schaffen. Natürlich kann diese Aufgabe aber nur von Demjenigen erreicht werden, der sich nicht damit begnügt, sich in eine fremde Nationalität hineinzulügen, sondern der das Erbtheil seiner deutschen Geburt rein und unverdorben erhält, und dieses Erbtheil ist: Reinheit der Empfindung und Keuschheit der Erfindung. Wo diese Mitgift erhalten wird, da muß der Deutsche unter jeder Himmelsgegend, in jeder Sprache und jedem Volke das Vorzüglichste leisten können.

So sehen wir denn endlich, daß es doch ein Deutscher war, der die italienische Schule in der Oper zum vollkommensten Ideal erhob, und sie, auf diese Art zur Universalität erweitert und veredelt, seinen Landsleuten zuführte. Dieser Deutsche, dieses größte und göttlichste Genie war *Mozart*. In der Geschichte der Erziehung, der Bildung und des Lebens dieses einzigen Deutschen kann man die Geschichte aller deutschen Kunst, aller deutschen Künstler lesen. Sein Vater war Musiker; er wurde somit auch zur Musik erzogen, wahrscheinlich selbst nur in der Absicht, aus ihm eben nur einen ehrlichen Musikanten zu machen, der mit dem Erlernten sein Brod verdienen sollte. In zartester Kindheit mußte er schon selbst das Schwierigste des wissenschaftlichen Theiles seiner Kunst erlernen; natürlich ward er so schon als Knabe ihrer vollkommen Meister; ein weiches, kindliches Gemüth und überaus zarte Sinnes-Werkzeuge ließen ihn zu gleicher Zeit seine Kunst auf das Innigste sich aneignen; das ungeheuerste Genie aber erhob ihn über alle Meister aller Künste und aller Jahrhunderte. Zeit seines Lebens arm bis zur Dürftigkeit, Prunk und vortheilhafte Anerbieten schüchtern verschmähend, trägt er schon in diesen äußeren Zügen den vollständigen Typus seiner Nation. Bescheiden bis zur Verschämtheit, uneigensüchtig bis zum Selbstvergessen, leistet er das Erstaunlichste, hinterläßt er der Nachwelt die unermeßlichsten Schätze, ohne zu wissen, daß er gerade etwas Anderes that, als seinem Schöpfungsdrange nachzugeben. Eine rührendere und erhebendere Erscheinung hat keine Kunstgeschichte aufzuweisen.

Mozart eben vollbrachte das in der höchsten Potenz, dessen, wie ich sagte, die Universalität des deutschen Genius fähig ist. Er machte sich die ausländische Kunst zu eigen, um sie zur allgemeinen zu erheben. Auch seine Opern waren in italienischer Sprache geschrieben, weil diese damals die einzig für den Gesang zulässige Sprache war. Er riß sich aber so ganz aus allen Schwächen der italienischen Manier heraus, veredelte ihre Vorzüge in einem solchen Grade, verschmolz sie mit der ihm innewohnenden deutschen Gediegenheit und Kraft so innig, daß er endlich etwas vollkommen Neues und vorher noch nie Dagewesenes erschuf. Diese seine neue Schöpfung war die schönste, idealste Blüthe der dramatischen Musik, und von hier an kann man erst rechnen, daß die Oper in Deutschland heimisch ward. Von nun an öffneten sich die Nationaltheater, und man schrieb Opern in deutscher Sprache.

Während sich jedoch diese große Epoche vorbereitete, während Mozart und dessen Vorgänger aus der italienischen Musik selbst diesen neuen Genre herausarbeiteten, bildete sich von der anderen Seite eine volksthümliche Bühnenmusik heraus, durch deren Verschmelzung mit jener endlich die wahre deutsche Oper entstand. Es war dieß der Genre des deutschen Singspieles, wie er, fern vom Glanze der Höfe, mitten unter dem Volke entstand und aus dessen Sitten und Wesen hervorging. Dieses deutsche Singspiel, oder Operette, hat eine unverkennbare Ähnlichkeit mit der älteren französischen *opéra comique*. Die Süjets der Texte waren aus dem Volksleben genommen, und schilderten die Sitten meist der unteren Klassen. Sie waren meist komischen Inhaltes, voll derben und natürlichen Witzes. Als vorzüglichste Heimath dieses Genre's muß Wien betrachtet werden. Überhaupt hat sich in dieser Kaiserstadt von jeher die meiste Volksthümlichkeit erhalten; dem unschuldigen heiteren Sinne ihrer Einwohner sagte stets *das am* meisten zu, was ihrem natürlichen Witz und ihrer fröhlichen Einbildungskraft am faßlichsten war. In Wien, wo alle Volksstücke ihren Ursprung hatten, gedieh denn auch das volksthümliche Singspiel am besten. Der Komponist beschränkte sich dabei zwar meistens nur auf Lieder und Arietten; dennoch traf man darunter schon manches charakteristische Musikstück, wie z.B. in dem vortrefflichen »Dorfbarbier«, das wohl geeignet war, bei größerer Ausdehnung mit der Zeit den Genre bedeutender zu machen, während er bei seiner Verschmelzung mit der größeren Opernmusik endlich völlig untergehen mußte. Nichtsdestoweniger hatte er schon eine gewisse selbstständige Höhe erreicht, und man sieht mit Verwunderung, daß zu derselben Zeit, wo Mozart's italienische Opern sogleich nach ihrem Erscheinen in das Deutsche übersetzt und dem gesammten vaterländischen Publikum vorgelegt wurden, auch jene Operette eine immer üppigere Form annahm, indem sie Volkssagen und Zaubermärchen zu Süjets nahm, die den phantasievollen Deutschen am lebhaftesten ansprachen. – Das Entscheidendste geschah denn endlich: Mozart selbst schloß sich dieser volksthümlichen Richtung der deutschen Operette an, und komponirte auf deren Grundlage die erste große deutsche Oper: *die Zauberflöte*. Der Deutsche kann die Erscheinung dieses Werkes gar nicht erschöpfend genug würdigen. Bis dahin hatte die deutsche Oper so gut wie gar nicht existirt; mit diesem Werke war sie erschaffen. Der Dichter des Süjets, ein spekulirender Wiener Theaterdirektor, beabsichtigte gerade nichts weiter, als eine recht große Operette zu Tage zu bringen. Dadurch ward dem Werke von vorn herein die populärste Außenseite zugesichert; ein phantastisches Märchen lag zum Grunde, wunderliche märchenhafte Erscheinungen und eine tüchtige komische Beimischung mußten zur Ausstattung dienen. Was aber baute Mozart auf dieser wunderlich abenteuerlichen Basis auf! Welcher göttliche Zauber weht vom populärsten Liede bis zum erhabensten Hymnus in diesem Werke! Welche Vielseitigkeit, welche Mannigfaltigkeit! Die Quintessenz aller edelsten Blüthen der Kunst scheint hier zu einer einzigen Blume vereint und verschmolzen zu sein. Welche ungezwungene und zugleich edle Popularität in jeder Melodie, von der einfachsten zur gewaltigsten! – In der That, das Genie that hier fast einen zu großen Riesenschritt, denn, indem es die deutsche Oper erschuf, stellte es zugleich das vollendetste Meisterstück derselben hin, das unmöglich übertroffen, ja dessen Genre nicht einmal mehr erweitert und fortgesetzt werden konnte. Es ist wahr, wir sehen die deutsche Oper nun wohl aufleben, aber zugleich in dem Grade rückwärts gehen, oder sich in Manier verflachen, in welchem sie sich so schnell zu ihrer höchsten Höhe erhoben hatte. – Als die unmittelbarsten Nachahmer Mozart's in diesem Sinne müssen *Winter* und *Weigl* angesehen werden. Beide haben auf das Redlichste sich der populären Richtung der deutschen Oper angeschlossen, und dieser in seiner »Schweizerfamilie«, jener in seinem »unterbrochenen Opferfest« hat bewiesen, wie wohl der deutsche Opernkomponist seine Aufgabe zu würdigen verstand. Demohngeachtet verliert sich die allgemeine populäre Richtung Mozart's bei diesen seinen Nachahmern schon in das Kleinliche, und scheint daraus klar werden zu wollen, wie die deutsche Oper nie einen *nationalen*

Schwung nehmen sollte. Die populäre Eigenthümlichkeit der Rhythmen und Melismen erstarrt zur Bedeutungslosigkeit von angelernten Floskeln und Phrasen, und vor Allem verräth der vollkommene Indifferentismus, mit dem die Komponisten an die Wahl ihrer Süjets gingen, wie wenig sie geeignet waren, der deutschen Oper eine höhere Stellung zu verschaffen.

Dennoch sehen wir das volksthümliche musikalische Drama noch einmal aufleben. In der Zeit, wo Beethoven's allgewaltiges Genie in seiner Instrumentalmusik das Reich der kühnsten Romantik erschlossen, verbreitete sich ein lichtvoller Strahl aus diesem zauberhaften Gebiete auch über die deutsche Oper. Es war dieß *Weber*, der der Bühnenmusik noch einmal ein schönes, warmes Leben einhauchte. In seinem populärsten Werke, dem »Freischützen«, berührte Weber abermals das Herz des deutschen Volkes. Das deutsche Märchen, die schauerliche Sage waren es, die hier den Dichter und Komponisten unmittelbar dem deutschen Volksleben nahe brachten; das seelenvolle, einfache Lied des Deutschen lag zu Grunde, so daß das Ganze einer großen, rührenden Ballade glich, die, mit dem edelsten Schmucke der frischesten Romantik ausgestattet, das phantasievolle Gemüthsleben der deutschen Nation auf das Charakteristischeste besingt. Und wirklich hat sowohl Mozart's Zauberflöte, wie Weber's Freischütz, nicht undeutlich bewiesen, daß in diesem Gebiete das deutsche musikalische Drama zu Hause, darüber hinaus ihm aber die Gränze gesteckt sei. Selbst Weber mußte dieß erfahren, als er die deutsche Oper über diese Gränze erheben wollte; seine »Euryanthe«, mit allen schönen Einzelnheiten, ist doch als ein mislungener Versuch anzusehen. Hier, wo Weber den Streit großer, gewaltiger Leidenschaften in einer höheren Sphäre zeichnen wollte, verließ ihn seine Kraft; schüchtern und kleinmüthig ordnete er sich seiner zu großen Aufgabe unter, suchte durch ängstliche Ausmalung einzelner Charakterzüge zu ersetzen, was nur mit großen, kräftigen Strichen im Ganzen gezeichnet werden konnte; somit verlor er seine Unbefangenheit und ward unwirksam[4]. Es war, als ob Weber gewußt hätte, daß er hier seine keusche Natur geopfert hatte; er kehrte sich in seinem Oberon noch einmal mit schmerzlichem Todeslächeln der holden Muse seiner Unschuld zu.

4 Mich dünkt, mein Freund würde mit der Zeit sich besonnener hierüber auszudrücken gelernt haben. D. H.

Neben Weber versuchte *Spohr* sich der deutschen Bühne Meister zu machen, konnte aber nie zu der Popularität Weber's gelangen; seiner Musik mangelte es zu sehr an dem dramatischen Leben, das von der Scene aus wirken soll. Wohl sind die Produktionen dieses Meisters völlig deutsch zu nennen, denn sie sprechen tief und klagend zu dem innern Gemüthe. Dennoch fehlt ihnen gänzlich jene heitere, naive Beimischung, die Weber so eigenthümlich ist, und ohne welche das Kolorit zumal für eine dramatische Musik zu monoton wird und seine Wirkung verliert.

Als letzter und bedeutendster Nachfolger dieser Beiden muß *Marschner* angesehen werden; er berührte dieselben Saiten, die Weber angeschlagen hatte, und erhielt dadurch schnell eine gewisse Popularität. Bei aller ihm innewohnenden Kraft war aber dieser Komponist nicht im Stande, die von seinem Vorgänger so glänzend wiederbelebte populäre deutsche Oper aufrecht und in Geltung zu erhalten, als die Produktionen der neueren französischen Schule so reißenden Fortschritt in der enthusiastischen Anerkennung der deutschen Nation machten. In der That hat die neuere französische dramatische Musik der deutschen populären Oper einen so entschiedenen Todesstreich beigebracht, daß diese als jetzt völlig nicht mehr existirend zu betrachten ist. Dennoch muß dieser neueren Periode ausführlichere Erwähnung gethan werden, da sie einen zu mächtigen Einfluß auf Deutschland äußerte, und da es doch scheint, als ob der Deutsche sich endlich zum Meister auch dieser Periode aufschwingen würde.

Wir können den Anfang dieser Periode nicht anders als von *Rossini* datiren; denn mit dem genialsten Leichtsinn, der allein dieß erreichen konnte, riß dieser alle Überreste der älteren italienischen Schule nieder, welche ja eben schon zum mageren Gerippe der bloßen Formen verdorrt war. Sein wohllüstig freudiger Gesang flatterte in der Welt herum und seine Vorzüge, – Leichtigkeit, Frische und Üppigkeit der Form, fanden zumal bei den Franzosen Konsistenz. Bei diesen erhielt die Rossini'sche Richtung Charakter, und gewann durch National-Stätigkeit ein würdigeres Ansehen; selbstständig, und mit der Nation sympathisirend, schufen nun ihre Meister das Vortrefflichste, was in der Kunstgeschichte eines Volkes aufgewiesen werden kann. In ihren Werken verkörperte sich die Tugend und der Charakter ihrer Nation. Die liebenswürdige Ritterlichkeit des älteren Frankreichs begeisterte aus *Boieldieu's* herrlichem *Jean de Paris*, die Lebhaftigkeit, der Geist, der Witz, die Anmuth der Franzosen blühte in dem ihnen völlig und ausschließlich eigenen Genre der *opéra comique*.

Ihren höchsten Höhepunkt erreichte aber die französische dramatische Musik in *Auber's* unübertrefflicher »Stummen von Portici«, – einem National-Werke, wie jede Nation höchstens nur Eines aufzuweisen hat. Diese stürmende Thatkraft, dieses Meer von Empfindungen und Leidenschaften, gemalt in den glühendsten Farben, durchdrungen von den eigensten Melodien, gemischt von Grazie und Gewalt, Anmuth und Heroismus, – ist dieß Alles nicht die wahrhafte Verkörperung der letzten Geschichte der französischen Nation? Konnte dieß erstaunliche Kunstwerk von einem Anderen als von einem Franzosen geschaffen werden? – Es ist nicht anders zu sagen, – mit diesem Werke hatte die neuere französische Schule ihre Spitze erreicht, und sie errang sich somit die Hegemonie über die civilisirte Welt[5].

Was also Wunder, wenn der so empfängliche und unpartheiische Deutsche nicht zögerte, die Vortrefflichkeit dieser Produktionen der Nachbarn mit ungeheucheltem Enthusiasmus anzuerkennen? Denn der Deutsche versteht im Allgemeinen gerechter zu sein, als manches andere Volk. Zudem halfen diese ausländischen Erscheinungen einem entschiedenen Bedürfnisse ab; denn es ist nicht zu läugnen, daß der größere Genre der dramatischen Musik einmal in Deutschland nicht von selbst gedeiht; und dieß wahrscheinlich aus demselben Grunde, der auch das höhere deutsche Schauspiel nie seine vollste Blüthe erreichen läßt. Dafür ist es aber dem Deutschen eher als jedem Andern möglich, auf fremdem Boden die Richtung einer nationalen Kunstepoche auf die höchste Spitze und zur universellen Gültigkeit zu bringen.

Was also die dramatische Musik betrifft, so können wir annehmen, daß gegenwärtig der Deutsche und der Franzose nur Eine habe; mögen ihre Werke nun auch in dem *einen* Lande zuerst produzirt werden, so ist dieß doch mehr örtliche als wesentliche Differenz. Dadurch, daß sich beide Nationen die Hände reichen und sich gegenseitig ihre Kräfte leihen, ist jedenfalls eine der größten Kunstepochen vorbereitet worden. Möge diese schöne Vereinigung nie gelöst werden, denn es ist keine Mischung zweier Nationen denkbar, deren Verbrüderung größere und vollkommenere Resultate für die Kunst hervorbringen könnte, als die der Deutschen und Franzosen, weil die Genies jeder dieser beiden Nationen sich gegenseitig vollkommen Das zu ersetzen im Stande sind, was den einen oder den anderen abgeht.

---

5   Mephistopheles: »Ihr sprecht schon fast wie ein Franzos!« D. H.

5. Der Virtuos und der Künstler

Nach einer alten Sage giebt es irgendwo ein unschätzbares Juwel, dessen strahlender Glanz plötzlich dem begünstigten Sterblichen, der seinen Blick darauf heftet, alle Gaben des Geistes und alles Glück eines befriedigten Gemüthes gewährt. Doch liegt dieser Schatz im tiefsten Abgrunde vergraben. Es heißt, daß es ehedem vom Glück Hochbegünstigte gab, deren Auge übermenschlich gewaltig die aufgehäuften Trümmer, welche wie Thore, Pfeiler und unförmliche Bruchstücke riesiger Paläste über einander lagen, durchdrang: durch dieses Chaos hindurch leuchtete dann der wundervolle Glanz des magischen Juwels zu ihnen herauf, und erfüllte ihr Herz mit unsäglicher Entzückung. Da erfaßte sie die Sehnsucht, allen Trümmerschutt hinwegzuräumen, um Aller Augen die Pracht des magischen Schatzes aufzudecken, vor dem die Sonnenstrahlen erblassen sollten, wenn sein Anblick unser Herz mit göttlicher Liebe, unseren Geist mit seliger Erkenntniß erfüllte. Doch vergeblich all' ihre Mühe: sie konnten die träge Masse nicht erschüttern, die den Wunderstein barg.

Jahrhunderte vergingen: aus dem Geiste jener so überseltenen Hochbeglückten spiegelte sich der Glanz des Strahlenlichtes, das aus dem Anblicke des Juwels zu ihnen gedrungen war, der Welt wieder ab: aber keiner vermochte ihm selbst zu nahen. Doch war die Kunde davon vorhanden; es führten die Spuren, und man kam auf den Gedanken, in wohlerfahrener Weise des Bergbaues dem Wundersteine nachzugraben. Da legte man Schachten an, durch Minen und Stollen ward in die Eingeweide der Erde eingedrungen; der künstlichste unterirdische Bau kam zu Stande, und immer grub man von Neuem, legte Gänge und Nebenminen an, bis endlich die Verwirrung im Labyrinthe wuchs, und die Kunde von der rechten Richtung ganz und gar verloren ging. So lag der ganze Irrbau, über dessen Mühen das Juwel endlich selbst vergessen worden war, nutzlos da: man gab ihn auf. Verlassen wurden Schachten, Gänge und Minen: schon drohten sie einzustürzen, – als, wie es heißt, ein armer Bergmann aus Salzburg daher kam. Der untersuchte genau die Arbeit seiner Vorgänger: voll Verwunderung folgte er den zahllosen Irrgängen, deren nutzlose Anlage ihm ahnungsvoll aufging. Plötzlich fühlt er sein Herz von wohllüstiger Empfindung bewegt: durch eine Spalte leuchtet ihm das Juwel entgegen; mit einem Blicke umfaßt er das ganze Labyrinth: der ersehnte Weg zu dem Wundersteine selbst thut sich ihm auf; von dem Lichtglanze geleitet dringt er in den tiefsten Abgrund, bis zu ihm, dem göttlichen Talisman selber. Da erfüllte eine wunderbare Ausstrahlung die ganze Erde mit flüchtiger Pracht, und alle Herzen erbebten vor unsäglichem Entzücken: den Bergmann aus Salzburg sah aber niemand wieder.

Dann war es wieder ein Bergmann, der kam aus Bonn vom Siebenge-birge her; der wollte den verschollenen Salzburger in den verlassenen Schachten aufsuchen: schnell gelangte er auf seine Spur, und so plötzlich traf sein Auge der Wunderglanz des Juwels, daß es sofort davon erblin-dete. Ein wogendes Lichtmeer durchdrang seine Sinne; von göttlichem Schwindel erfaßt, schwang er sich in den Abgrund, und krachend brachen die Schachten über ihm zusammen: ein furchtbares Getöse drang wie Weltuntergang dahin. Auch den Bonner Bergmann sah man nie wieder.

So endete, wie alle Bergmannssagen, auch diese: mit der Verschüttung. Neu liegen die Trümmer; doch zeigt man noch die Stätte der alten Schachten, und in den letzten Zeiten hat man sich sogar aufgemacht, den beiden verunglückten Bergleuten nachzugraben, denn gutmüthig heißt es, sie könnten wohl gar noch am Leben sein. Mit wirklichem Eifer werden die Arbeiten neuerdings betrieben und machen sogar viel von sich reden; Neugierige reisen von weit her, um den Ort zu besuchen: da werden Bruchstückchen vom Schutt zum Andenken mitgenommen, und man zahlt etwas dafür, denn Jeder will etwas zum frommen Werke bei-getragen haben; auch kauft man da die Lebensbeschreibung der beiden Verschütteten, die ein Bonner Professor genau abgefaßt hat, ohne jedoch melden zu können, wie es gerade bei der Verschüttung herging, was nur das Volk weiß. So hat es sich denn endlich der Art gewendet, daß die eigentliche rechte Sage in Vergessenheit gerathen ist, während allerhand kleinere neue Fabeln dafür auftauchen, so z.B. daß man beim Nachgraben auf recht ergiebige Goldadern gerathen sei, aus welchen in der Münze die solidesten Dukaten geprägt würden. Und wirklich scheint hieran etwas zu sein: an den Wunderstein und die armen Bergleute wird aber immer weniger noch gedacht, wiewohl die ganze Unternehmung doch immer nach der Ausgrabung der verschütteten Bergleute benannt wird. –

Vielleicht ist auch die ganze Sage, wie die ihr nachfolgende Fabel, nur im allegorischen Sinne zu verstehen: die Deutung dürfte uns dann leicht aufgehen, wenn wir den Wunderjuwel als den *Genius der Musik* auffaß-ten; die beiden verschütteten Bergleute wären dann ebenfalls unschwer zu erklären, und der Schutt, der sie bedeckt, läge uns am Ende quer vor den Füßen, wenn wir uns aufmachen, um zu jenen selig Entrückten durchzudringen. In der That, wem jener Wunderstein etwa im sagenhaften Nachttraume einmal geleuchtet, oder: wem der Genius der Musik in der heiligen Stunde der Entzückung in die Seele gezündet hat, der wird, will er den Traum, will er die Entzückung festhalten, d.h. will er nach den Werkzeugen hierfür suchen, zu allererst auf jenen Trümmerhaufen stoßen: da hat er denn zu graben und zu schaufeln; die Stätte ist besetzt mit Goldgräbern: die wühlen den Schutt immer dichter durcheinander, und wollt ihr auf den alten Schacht dringen, der einst zu dem Juwele führte, so werfen sie euch Schlacken und Katzengold in den Weg. Und das Geröll schichtet sich immer höher, die Wand wird immer dichter: der Schweiß rinnt euch von der Stirn. Ihr Armen! Und Jene verlachen euch.

Hiermit mag es nun etwa folgende ernstliche Bewandtniß haben. –

Was ihr von Tönen euch da aufzeichnet, soll nun laut erklingen; ihr wollt es hören und von Anderen hören lassen. Nun ist euch das Wichtigste, ja das Unerläßlichste, daß euer Tonstück genau so zu Gehör gelange, wie ihr es bei seiner Aufzeichnung in euch vernahmet: das heißt, mit gewissenhafter Treue sollen die Intentionen des Komponisten wiedergegeben werden, damit die geistigen Gedanken unentstellt und unverkümmert den Wahrnehmungsorganen übermittelt werden. Hiergegen müßte nun das höchste Verdienst des ausübenden Künstlers, des Virtuosen, in der vollkommen reinen Wiedergabe jenes Gedankens des Tonsetzers bestehen, wie sie zunächst nur durch wirkliche Aneignung seiner Intentionen, und dem zu Folge durch völlige Verziehtleistung auf eigene Invention versichert werden kann. Gewiß könnte somit nur die vom Tonsetzer selbst geleitete Aufführung den richtigen Aufschluß über alle seine Intentionen geben; diesen am nächsten kommen wird dann derjenige, welcher hinlänglich mit eigener Schöpferkraft begabt ist, um den Werth der Reinerhaltung fremder künstlerischer Intentionen nach dem seinen eigenen hierfür beigelegten Werthe zu ermessen, wobei ihm andererseits eine besondere, liebevolle Schmiegsamkeit behülflich sein müßte. Diesen Befähigtsten würden solche Künstler sich anreihen, die keine Ansprüche auf eigene Erfindung erheben, und gewissermaßen nur dadurch der Kunst angehören, daß sie das fremde Kunstwerk sich innig zu eigen zu machen fähig sind: diese müßten bescheiden genug sein, ihre persönlichen Eigenschaften, worin diese immer bestehen mögen, gänzlich außer dem Spiele zu halten, so daß bei der Ausführung weder die Vorzüge noch die Nachtheile derselben zur Beachtung kämen: denn schließlich soll nur das Kunstwerk, in reinster Wiedergebung, vor uns erscheinen, die Besonderheit des Ausführenden aber in keiner Weise unsere Aufmerksamkeit auf sich, d.h. eben vom Kunstwerke ab lenken.

Leider verstößt nun aber diese so wohl berechtigt dünkende Forderung so sehr gegen alle die Bedingungen, unter welchen öffentliche Kunstproduktionen der Theilnahme des Publikums sich erfreuen. Dieses wendet sich zuerst mit Eifer und Neugierde nur der Kunstgeschicklichkeit zu; die Freude an dieser vermittelt ihm erst die Beachtung des Kunstwerkes selbst. Wer will hierfür das Publikum tadeln? Es ist eben der Tyrann, den wir uns zu gewinnen suchen. Noch stünde es auch bei dieser Eigenschaft nicht so schlimm, wenn sie den ausübenden Künstler nicht verdürbe, der endlich vergißt, welches sein wahrer Beruf ist. Seine Stellung als Vermittler der künstlerischen Intention, ja als eigentlicher Repräsentant des schaffenden Meisters, legt es ihm ganz besonders auf, den Ernst und die Reinheit der Kunst überhaupt zu wahren: er ist der Durchgangspunkt für die künstlerische Idee, welche durch ihn gewissermaßen erst zu einem realen Dasein gelangt. Die eigene Würde des Virtuosen beruht daher lediglich auf der Würde, welche er der schaffenden Kunst zu erhalten weiß: vermag er mit dieser zu tändeln und zu spielen, so wirft er seine eigene Ehre fort. Dieß fällt ihm allerdings leicht, sobald er jene Würde gar nicht begreift: ist er dann zwar nicht Künstler, so hat er doch Kunstfertigkeiten zur Hand: die läßt er spielen; sie wärmen nicht, aber sie glitzern; und bei Abend nimmt sich das Alles recht hübsch aus.

Da sitzt der Virtuos im Konzertsaal, und entzückt ganz für sich: hier Läufe, dort Sprünge; er zerschmilzt, er verbraust, er streicht und rutscht, und das Publikum sieht ihm links und rechts auf die Finger. Nun naht ihr euch diesem wunderlichen Sabbath einer solchen Soirée, und sucht euch zu entnehmen, wie ihr es machen sollt, um hier auch assembleefähig zu werden; da gewahrt ihr, daß ihr von dem ganzen Vorgange vor euren Augen und Ohren gerade so viel versteht, als sehr vermuthlich der Hexenmeister dort von dem Vorgange in eurer Seele, wenn die Musik in euch wach wird und euch zum Produziren drängt. Himmel! Diesem Manne dort sollt ihr eure Musik zurecht machen? Unmöglich! Bei jedem Versuche müßtet ihr jämmerlich erliegen. Ihr könnt euch in die Lüfte schwingen, aber nicht tanzen; ein Wirbelwind hebt euch in die Wolken, aber ihr könnt keine Pirouette machen: was sollte euch gelingen, wolltet ihr ihm es nachthun? Ein schnöder Purzelbaum, nichts Anderes – und

Alles würde lachen, wenn ihr nicht gar zum Salon hinausgeworfen würdet.

Offenbar haben wir mit diesem Virtuosen nichts zu schaffen. Aber wahrscheinlich irrtet ihr euch heute im Lokal. Denn in Wahrheit, es giebt andere Virtuosen; es giebt unter ihnen wahre, ja große Künstler: sie verdanken ihren Ruf dem hinreißenden Vortrage der edelsten Tonschöpfungen der größten Meister; wo schlummerte die Bekanntschaft des Publikums mit diesen, wären jene vorzüglich Berufenen nicht wie aus dem Chaos der Musikmacherei entstanden, um der Welt wirklich erst zu zeigen, wer Jene waren und was sie schufen? Und dort klebt der Anschlagzettel, der euch zu solch' einem hehren Feste einlädt: ein Name leuchtet euch entgegen: *Beethoven!* Ihr wißt genug. Dort ist der Konzertsaal. Und wirklich: Beethoven erscheint euch; und rings herum sitzen vornehme Damen, in langen Reihen hin nichts wie vornehme Damen, und dahinter im weiten Umkreise lebhafte Herren mit Lorgnetten im Auge. Aber Beethoven ist da, mitten unter der duftenden Angst einer träumerisch wogenden Eleganz: es ist wirklich Beethoven, nervig und wuchtvoll in wehmuthreicher Allgewalt. Aber, wer kommt da mit ihm? Herr Gott: – Guillaume Tell, Robert der Teufel, und – wer nach diesen? *Weber*, der Innige, Zarte! Gut! Und nun: – ein »Galop«. O Himmel! Wer selbst einmal Galopaden geschrieben, wer in Potpourri's gemacht hat, der weiß, welche Lebensnoth uns treiben kann, wenn es gilt, um jeden Preis einmal Beethoven nahe zu kommen. Ich erkannte die ganze schreckliche Noth, die auch heute zu Galopaden und Potpourri's trieb, um Beethoven verkünden zu können; und mußte ich heute den Virtuosen bewundern, so verfluchte ich die Virtuosität. – Darum, strauchelt nicht, ihr ächten Jünger der Kunst, auf dem Pfade der Tugend: zog es euch magisch an, nach dem verschütteten Schachte zu graben, laßt euch von jenen Goldadern nicht ableiten; sondern immer tiefer, tiefer grabt dem Wundersteine nach. Mir sagt es das Herz, die verschütteten Bergmänner sind noch am Leben: wenn nicht, so glaubt es nur! Was schadet euch der Glaube?

Aber am Ende ist das alles doch nur Phantasterei? Ihr braucht den Virtuosen, und ist er der rechte, so braucht er auch euch. So muß es doch sonst gewesen sein. Allerdings ist etwas vorgefallen, was eine Trennung zwischen Virtuosen und Künstler hervorrief. Gewiß war es einmal leichter, auch sein eigener Virtuos zu sein; aber ihr wurdet übermüthig und machtet es euch selbst so schwer, daß ihr die Mühe der

Ausführung Demjenigen zuweisen mußtet, der nun sein ganzes Leben lang gerade vollauf damit zu thun hat, die andere Hälfte eurer Arbeit zu bestehen. Wahrlich, ihr müßt ihm dankbar sein. Er hat dem Tyrannen zuerst Stand zu halten: macht er seine Sache nicht gut, Keiner frägt nach eurer Komposition, aber er wird ausgepfiffen; wollt ihr ihm dagegen verargen, daß, wenn er applaudirt wird, er das ebenfalls auf sich bezieht, und nicht gerade im besonderen Namen des Komponisten sich bedankt? Hierauf käme es euch eigentlich auch nicht an: ihr wollt nur, daß euer Musikstück so exekutirt werde, wie ihr es euch gedacht habt; der Virtuos soll nichts dazu, nichts davon thun; er soll *ihr selbst* sein. Aber das ist oft sehr schwer: versuche Einer einmal, sich so ganz in den Anderen zu versetzen! –

Seht da den Mann, der gewiß am allerwenigsten an sich denkt, und dem das persönliche Gefallen gewiß nichts Besonderes einzubringen hat, wenn er zum Orchesterspiele den Takt schlägt. Der bildet sich gewiß ein, mitten im Komponisten drin zu stecken, ja, ihn wie eine zweite Haut über sich gezogen zu haben? Sicher plagt diesen der Hochmuthsteufel nicht, wenn er euer Tempo falsch nimmt, euere Vortragszeichen misversteht und euch beim Anhören eures eigenen Tonstückes zur Verzweiflung bringt. Auch er kann allerdings Virtuose sein, und vermöge allerlei Nüancirungs-Pfiffigkeiten das Publikum zu der Meinung verleiten wollen, er sei es eigentlich, der es mache, daß Alles so hübsch klinge: er findet, daß es nett ist, wenn eine laute Stelle plötzlich einmal ganz leise, eine schnelle ein bischen langsamer gespielt werde; er setzt euch da und dort einen Posauneneffekt hinzu, auch etwas türkische Musik; vor Allem aber hilft er durch drastische Streichungen, wenn er anders seines Erfolges nicht recht sicher ist. Dieß wäre denn ein Virtuose des Taktstockes; und ich glaube, er kommt häufig vor, namentlich bei Operntheatern. Deßhalb ist es nöthig, gegen ihn sich vorzusehen, was doch wohl am besten geschieht, wenn man sich des eigentlichen wirklichen, nicht nachgemachten Virtuosen, nämlich des *Sängers* versichert.

Dem Sänger geht der Komponist so recht eigentlich durch und durch, um als lebendiger Ton ihm aus der Kehle herauszuströmen. Hier sollte man meinen, wäre kein Misverständniß möglich: der Virtuos hat nach außen herum zu greifen, hierhin, dorthin; er kann sich vergreifen; aber dort im Sänger sitzen wir mit unserer Melodie selbst. Bedenklich wird es allerdings, wenn wir ihm nicht an der rechten Stelle sitzen; auch er hat uns nur von außen aufgegriffen: drangen wir ihm nun bis an das

Herz, oder blieben wir in der Kehle stecken? Wir gruben nach dem Juwel in der Tiefe: hafteten wir an dem Schutt der Goldadern?

Auch die menschliche Stimme ist nur ein Instrument; es ist selten und wird theuer bezahlt. Wie dieß Werkzeug beschaffen, das beachtet zunächst die Neugierde des Publikums, und dann frägt sie, wie mit ihm gespielt werde: was es spielt, ist den Allermeisten ganz gleichgültig. Desto mehr giebt hierauf aber der Sänger: nämlich, was er singt, soll so gemacht sein, daß es ihm leicht wird es mit großem Gefallen auf seiner Stimme zu spielen. Wie geringfügig ist dagegen die Berücksichtigung, welche der Virtuose *seinem* Instrumente zuzuwenden hat: das steht fertig da; leidet es Schaden, so wird es ausgebessert. Aber dieses kostbare, wunderbar launenhafte Instrument der Stimme? Keiner hat seinen Bau noch ganz ermessen. Schreibt wie ihr wollt, ihr Komponisten, nur habt im Auge, daß die Sänger es gern singen! Wie aber habt ihr das anzufangen? Geht in die Konzerte, oder besser noch, in die Salons! – Für diese wollen wir aber gar nicht schreiben, sondern für das Theater, die Oper, – dramatisch. – Gut! So geht in die Oper, und erkennet, daß ihr auch dort immer nur im Salon, im Konzert seid. Es ist auch hier der Virtuos, mit dem ihr vor allen Dingen euch zu verständigen habt. Und dieser Virtuos, glaubt es, ist gefährlicher als alle anderen, denn, wo ihr ihm auch begegnet, täuscht er euch am leichtesten.

Beachtet diese berühmtesten Sänger der Welt: von wem wollt ihr lernen, als von den Künstlern unserer großen italienischen Oper, welche nicht nur von Paris, sondern von allen Hauptstädten der Welt eigentlich als überirdische Wesen verehrt werden? Hier erfahrt ihr, was eigentlich die *Kunst* des Gesanges ist; von ihnen lernten erst die wiederum berühmten Sänger der großen französischen Oper, was singen heißt, und daß dieses kein Spaß ist, wie die guten Gaumen-Schreihälse in Deutschland es wähnen, die etwa die Sache für abgemacht halten, wenn sie das Herz auf dem rechten Flecke, nämlich dicht am Magen, sitzen haben. Da trefft ihr denn auch die Komponisten an, die es verstanden, für wahre Sänger zu schreiben: sie wußten, daß sie nur durch diese zur Beachtung, ja zur Existenz gelangen konnten, und ihr seht, sie sind da, es geht ihnen gut, ja, sie sind verehrt und berühmt. Aber so wie diese wollt ihr nicht komponiren; man soll euer Werk respektiren; von dem wollt ihr einen Eindruck haben, nicht von dem Erfolge der Kehlfertigkeit ihrer Sänger, welchem jene ihr Glück verdankten? – Seht genauer zu: haben diese Leute keine Passion? Zittern und beben sie nicht, wie sie lispeln und gaukeln? Wenn es da heißt: »Ah! *Tremate!*«, macht sich das ein wenig anders, als wenn es bei euch zum: »Zittre, feiger Bösewicht!« kommt. Habt ihr das »*Maledetta!*« vergessen, vor welchem das vornehmste Publikum sich wie eine Methodistenversammlung unter Negern wand? – Aber das scheint euch nicht das Achte? Euch dünken das Effekte, über die ein Vernünftiger lache?

Allerdings ist auch Dieses Kunst, und zwar eine solche, in welcher es diese berühmten Sänger sehr weit gebracht haben. Auch mit der Gesangstimme kann man spielen und tändeln, wie man will; endlich aber muß das ganze Spiel auch einem Affekte verwandt sein, denn so ganz ohne Noth geht man doch nicht vom vernünftigen Reden in das immerhin bedenklich lautere Singen über. Und das ist es nun eben, was das Publikum will, daß es hier zu einer Emotion komme, die man zu Haus beim Whist- und Dominospiele nicht hat. Auch mag dieß Alles überhaupt einmal anders gewesen sein: große Meister fanden große Jünger unter den Sängern; von dem Wunderbaren, was sie gemeinsam zu Tage förderten, lebt noch die Tradition, und belebt sich oft wieder von Neuem zur Erfahrung. Gewiß, man weiß und will, daß der Gesang auch dramatisch wirken soll, und unsere Sänger lernen daher den Affekt handhaben, daß es den Anschein hat, als kämen sie eigentlich nicht aus ihm heraus. Und der Gebrauch desselben ist vollkommen geregelt: nach dem Girren und Zirpen wirkt die Explosion ganz unvergleichlich; daß es nicht zur thatsächlichen Wahrheit kommt, nun, dafür ist es ja eben Kunst.

Euch bleibt ein Skrupel, und dieser beruht zunächst in eurer Verachtung der seichten Kompositionen, deren sich diese Sänger bedienen. Woher stammen diese? Doch eben aus dem Willen jener Sänger, nach deren Belieben sie angefertigt wurden. Was um alle Welt, kann ein wahrer Musiker mit diesem Handwerk gemein haben wollen? Wie aber wird es damit stehen, wenn diese gepriesenen Halbgötter der italienischen Oper ein wahres Kunstwerk vorführen sollen? Können sie wahres Feuer fangen? Können sie den Zauberblitz jenes Wunderjuwels in sich fallen lassen?

Seht da: »Don Giovanni«! Und wirklich von Mozart! So steht es auf der Theateraffiche für heute zu lesen. Da wollen wir denn hören und sehen!

Und sonderbar ging es mir, als ich neulich wirklich den »Don Juan« von den großen Italienern hörte: es war ein Chaos von allen Empfindungen, darin ich hin und her geworfen wurde; denn wirklich traf ich den vollen Künstler an, aber dicht neben ihm den lächerlichsten Virtuosen, der jenen vollkommen ausstach. Herrlich war die *Grisi* als »Donna Anna«; unübertrefflich *Lablache* als »Leporello«. Das schönste, reichbegabteste Weib, ganz beseelt von dem Einen: Mozart's »Donna Anna« zu sein: da war Alles Wärme, Zartheit, Gluth, Leidenschaft, Trauer und Klage. Oh! Die wußte, daß der verschüttete Bergmann noch lebe, und selig bestärkte sie in mir den eigenen Glauben. Aber die Thörin verzehrte sich um Herrn *Tamburini*, der als weltberühmtester Barytonist den »Don Juan« sang und spielte: der Mann wurde den ganzen Abend über den hölzernen Klöpfel nicht los, der ihm mit dieser fatalen Rolle zwischen die Beine gelegt war. Ich hatte ihn zuvor in einer Bellini'schen Oper einmal gehört: da lernte ich seine Weltberühmtheit begreifen: da war »*Tremate!*« und »*Maledetta*«, und aller Affekt Italiens zusammen. Heute ging das nicht: die kurzen, schnellen Musikstücke huschten ihm hinweg wie flüchtige Notenschatten; viel flüchtiges Rezitativ: Alles steif, matt; der Fisch auf dem Sande. Aber es schien, daß das ganze Publikum auf dem Sande lag: es blieb so gesittet, daß Niemand ihm sein sonstiges Rasen anmerken konnte. Vielleicht eine schöne, würdige Feier des wahren Genius, der heute seine Flügel durch den Saal schwang? Wir werden ja sehen. Jeden- falls riß auch die göttliche *Grisi* an diesem Abend nicht besonders hin: namentlich begriff man ihre heimliche Gluth für den verdrießlichen »Don Juan« nicht recht. – Da war nun aber *Lablache*, ein Koloß, und heute doch jeder Zoll ein »Leporello«. Wie er dieses anfing? Die unge- heure Baßstimme sang immer in den klarsten, herrlichsten Tönen, und doch war es stets nur ein Schwatzen, Plappern, dreistes Lachen, hasenfü- ßiges Knieschlottern; einmal pfiff er mit der Stimme, und immer tönte es schön, wie ferne Kirchthurmglocken. Er stand nicht, er ging nicht, er tanzte aber auch nicht; doch immer bewegte er sich; man sah ihn da und dort, überall, und doch störte er nie, unbeachtet stets auf dem Flecke, wo eine drollige Nase der Situation etwas Lustiges oder Ängstliches an- zumerken hatte. *Lablache* wurde an diesem Abende nicht ein einziges Mal applaudirt: das mochte vernünftig dünken, es sah aus, wie dramati- scher Goût im Publikum. Wirklich verdrießlich schien dieses aber dar- über, daß sein ausgemachter Liebling, Madame *Persiani* (das Herz erbebt, wenn man nur den Namen ausspricht!), mit der Musik der »Zerlina« sich nicht zurecht zu finden wußte. Ich merkte wohl, es war eigentlich darauf abgesehen, sich gränzenlos an ihr zu entzücken, und wer sie kurz zuvor im »*Elisire d'amore*« gehört hatte, dem konnte man eine Berechtigung hierzu nicht absprechen. Daran war nun aber entschieden *Mozart* schuld, daß es heute nicht zum Entzücken kommen wollte: wiederum Sand für solch' einen munteren Fisch! Ach, was hätte Publikum und Persiani heute darum gegeben, wenn eine Einlage aus dem Liebeselixir für schicklich gehalten worden wäre! In der That merkte ich allmählich, daß es heute beiderseitig auf einen Exzeß von Dezenz abgesehen war: es herrschte eine Übereinkunft, die ich mir lange nicht erklären konnte. Warum, da man allem Anscheine nach »klassisch« gesinnt blieb, riß die herrliche »Donna Anna« durch ihre über Alles schöne und vollendete Leistung nicht Alles zu dem ächten Entzücken hin, worauf es andererseits heute einzig abgesehen schien? Warum, da man hier im allergerechtesten Sinne sich hinreißen zu lassen verschmähte, fand man sich dann überhaupt zu einer Aufführung des »Don Juan« ein? Wahrlich, der ganze Abend schien eine freiwillig übernommene Pein, welcher man aus irgend einem Grunde sich unterzog: aber zu welchem Zwecke? Etwas mußte doch damit gewonnen werden, da ein solches Pariser Publikum zwar viel verschwendet, aber immer etwas dafür haben will, sei es auch etwas recht Werthloses?

Auch dieses Räthsel löste sich: *Rubini schlug diesen Abend seinen berühmten Triller von A nach B!* Da tagte mir denn Alles. Wie hätte ich groß an den armen »Don Ottavio« gedacht, den so oft verspotteten Tenor-Lückenbüßer des Don Juan? Und wahrlich hatte ich auch heute lange Zeit mein rechtes Bedauern mit dem so unerhört gefeierten *Rubini*, dem Wunder aller Tenöre, der auch seinerseits recht verdrießlich an sein Mozart-Pensum ging. Da kam er, der nüchterne, solide Mann, von der göttlichen »Donna Anna« leidenschaftlich am Arme herbeigezogen, und stand mit betrübter Gemüthsruhe an der Leiche des verhofften Schwiegervaters, der ihm nun seinen Segen zur glücklichen Ehe nicht mehr geben sollte. Einige behaupteten, *Rubini* sei ein Schneider gewesen, und sähe auch noch so aus; ich hätte ihm dann aber mehr Gelenkigkeit zugetraut: wo er stand, da stand er, und bewegte sich nicht weiter; denn er konnte auch singen, ohne eine Miene zu verziehen; selbst die Hand brachte er nur äußerst selten nach der Stelle des Herzens. Dießmal berührte ihn nun der Gesang vollends gar nicht; seine ziemlich gealterte Stimme mochte er füglich zu etwas Besserem aufsparen, als seiner Geliebten hier tausendmal gehörte Trostworte zuzurufen. Ich verstand dieß, fand den Mann vernünftig, und da es durch die ganze Oper, sobald »Don Ottavio« dabei war, mit ihm so fortging, so vermeinte ich endlich, nun sei es aus, und frug mich immer dringender nur nach dem Sinne, dem Zwecke dieses sonderbaren abstinenzvollen Theaterabendes. Da regte es sich unversehens: Unruhe, Rücken, Winke, Fächerspiel, allerhand Anzeichen der plötzlich eingetretenen gespannten Erwartung eines gebildeten Publikums. »Ottavio« war allein auf der Bühne zurückgeblieben; ich glaubte, er wolle etwas annonciren, weil er hart an den Souffleurkasten vortrat: aber da blieb er stehen, und hörte ohne eine Miene zu verziehen dem Orchestervorspiele zu seiner *B dur*-Arie zu. Dieses Ritornel schien länger als sonst zu dauern; doch war dieß nur eine Täuschung: denn der Sänger lispelte die ersten zehn Takte des Gesanges nur so vollständig unhörbar, daß ich, als ich dahinterkam, daß er sich dennoch den Anschein des Singens gab, wirklich glaubte, der behagliche Mann mache Spaß. Doch blieben die Mienen des Publikums ernst; es wußte was vorging; denn auf dem eilften Gesangtakte ließ *Rubini* die Note F mit so plötzlicher Vehemenz anschwellen, daß die kleine zurückleitende Passage wie ein Donnerkeil herausfuhr, um mit dem zwölften Takte sogleich wieder im unhörbarsten Gesäusel zu verschwinden. Ich wollte laut lachen, aber Alles war wieder todtenstill: ein gedämpft spielendes Orchester, ein unhörbar singender Tenorist; mir trat der Schweiß auf die Stirn. Etwas Monstruoses schien sich vorzubereiten: und wahrlich sollte auf das Unhörbare jetzt das Unerhörte folgen. Es kam zum siebenzehnten Takte des Gesanges: jetzt hat der Sänger drei Takte lang das F auszuhalten. Was ist mit einem F viel zu machen? *Rubini* wird erst göttlich auf dem B: *darauf* muß er kommen, wenn ein Abend in der italienischen Oper Sinn haben soll. Wie nun der Trambotin-Springer zur Vorbereitung auf dem Schwungbrette sich wiegt, so stellt sich »Don Ottavio« auf sein dreitaktiges F, schwillt zwei Takte lang vorsichtig, doch unwiderstehlich an, nimmt nun aber auf dem dritten Takte den Violinen den Triller auf dem A weg, schlägt ihn selbst mit wachsender Vehemenz, sitzt mit dem vierten Takte hoch oben auf dem B, als ob es gar nichts wäre, und stürzt sich mit einer brillanten Roulade vor aller Augen wieder in das Lautlose hinab. Nun war es aus: jetzt konnte geschehen, was da wollte. Alle Dämonen waren entfesselt, und zwar nicht, wie am Schlusse der Oper auf der Bühne, sondern im Publikum. Das Räthsel war gelöst: um dieses Kunststück zu hören, hatte man sich versammelt, ertrug zwei Stunden über die vollständige Absenz aller gewohnten Operndelikatessen, verzieh der *Grisi* und *Lablache*, daß sie es mit dieser Musik ernstlich nähmen, und fühlte sich nun selig belohnt durch das Glücken dieses *einen* wunderbaren Moments, wo Rubini auf das B sprang!

Mir behauptete einmal ein deutscher Dichter, trotz Allem und Jedem seien doch die Franzosen die eigentlichen »Griechen« unserer Zeit, und namentlich hätten die Pariser etwas Athenisches an sich; denn sie wären endlich doch Diejenigen, welche den meisten Sinn für »Form« hätten. Mir fiel das an diesem Abende ein: in der That zeigte diese ungemein elegante Zuhörerschaft durchaus keine Theilnahme an dem Stoffe unseres »Don Juan«; er galt ihr entschieden nur als die Holzpuppe, auf welche die faltige Drappirung der reinen Virtuosität als formelle Berechtigung für das Dasein des Musikwerkes erst zu legen war. Richtig verstand dieß aber nur *Rubini*, und nun war auch zu begreifen, warum gerade dieser so kalte, ehrwürdige Mensch der Liebling der Pariser, das eigentliche »Idol« der gebildeten Gesangsfreunde war. In der Vorliebe für diese virtuose Seite der Leistungen gehen sie so weit, daß ihr ästhetisches Interesse sich nur auf diese bezieht, und dagegen auffälliger Weise das Gefühl für edle Wärme, ja selbst für offenbare Schönheit, immer mehr in ihnen erkaltet. Ohne eigentliche Rührung sah und hörte man sogar der edlen *Grisi*, dem schönen Weibe mit der seelenvollen Stimme zu: das mag ihnen zu realistisch dünken. Da ist aber *Rubini*, philisterhaft, breit, mit gehäbigem Backenbart; dazu alt, mit fettig gewordener Stimme, geizig auf jede Anstrengung damit: gewiß, wird Dieser über Alle gesetzt, so kann das Entzücken nicht an seinem Stoffe haften, sondern es muß nur die rein geistige Form sein. Und diese Form wird nun allen Sängern von Paris aufgenöthigt: jeder singt *á la* Rubini. Die Regel hierfür ist: eine Zeitlang unhörbar zu sein, dann plötzlich Alles durch eine aufgesparte Explosion zu erschrecken, und gleich darauf wieder etwa den Effekt eines Bauchsängers vernehmen zu lassen. Herr *Duprez* macht es jetzt bereits ganz so: oft sah ich mich nach dem irgendwo versteckten Hülfssänger um, der plötzlich etwa unter dem Podium, wie die Mutterstimme-Trompete im »Robert der Teufel«, für den ostensiblen Sänger am Souffleurkasten, der jetzt keine Miene mehr verzog, einzutreten schien. Aber das ist »Kunst«. Was wissen wir Tölpel davon? – Genau genommen, hat mir diese italienische Aufführung des »Don Juan« zu recht versöhnlicher Erkenntniß verholfen. So giebt es doch große Künstler mitten unter den Virtuosen, oder: auch der Virtuose kann ein großer Künstler sein. Leider laufen sie mitten durch einander durch, und wer sie genau zu unterscheiden weiß, wird traurig. Mich betrübten diesen Abend *Lablache* und die

Grisi, während *Rubini* mich ungemein belustigt hat. So liegt in der Zurschaustellung dieser großen Verschiedenheiten neben einander doch etwas Verderbliches? Das menschliche Herz ist so schlecht, und die Verlumpung muß etwas so gar Süßes sein! Hüte sich jeder, mit dem Teufel zu spielen! Der kommt endlich, und keiner versieht es sich. So ging es auch Herrn *Tamburini* an diesem Abende, wo er sich das gewiß am wenigsten geträumt hatte. *Rubini* hatte sich glücklicherweise auf sein hohes B geschwungen: da blickte er schmunzelnd herab, und sah dem Teufel gemüthlich zu. Ich dachte mir: Gott! wenn er nun Den holte! –

Verruchter Gedanke! Das ganze Publikum wäre ihm in die Hölle nachgestürzt. –

(Fortsetzung im Jenseits!)

6. Der Künstler und die Öffentlichkeit

Wenn ich allein bin, und in mir die musikalischen Fibern erbeben, bunte, wirre Klänge zu Akkorden sich gestalten, und endlich daraus die Melodie entspringt, die als Idee mir mein ganzes Wesen offenbart; wenn das Herz dann in lauten Schlägen seinen ungestümen Takt dazu giebt, die Begeisterung in göttlichen Thränen durch das sterbliche, nun nicht mehr sehende Auge sich ergießt, – dann sage ich mir oft: welch' großer Thor bist du, nicht stets bei dir zu bleiben, um diesen einzigen Wonnen nachzuleben, statt daß du dich nun hinaus, vor jene schauerliche Masse, welche Publikum heißt, drängst, um durch eine gänzlich nichtssagende Zustimmung die absurde Erlaubniß zur fortgesetzten Ausübung deines Kompositionstalentes dir zu gewinnen! Was kann dir dieses Publikum mit seiner allerglänzendsten Aufnahme geben, das auch nur den hundertsten Theil des Werthes jener heiligen, ganz aus dir allein quillenden Erquickung hat? Warum verlassen die mit dem Feuer göttlicher Eingebung begnadigten Sterblichen ihr Heiligthum, und rennen athemlos durch die kothigen Straßen der Hauptstadt, suchen eifrigst gelangweilte, stumpfe Menschen auf, um ihnen mit Gewalt ein unsägliches Glück aufzuopfern? Und welche Anstrengungen, Aufregungen, Enttäuschungen, bis sie nur dazu gelangen, dieses Opfer vollbringen zu können? Welche Kunstgriffe und Anschläge müssen sie einen guten Theil ihres Lebens in das Werk setzen, um der Menge das zu Gehör zu bringen, was sie nie verstehen kann! Geschieht dieß aus Besorgniß, die Geschichte der Musik möchte eines schönen Tages stille stehen? Sollten sie dagegen die schönsten Blätter aus der Geschichte ihres eigenen Herzens ausreißen und so die Glieder der Kette zerbrechen, die sympathische Seelen durch die Jahrhunderte hindurch magisch an einander fesselt, während hier einzig von Schulen und Manieren die Rede sein kann?

Es muß damit eine besondere, unbegreifliche Bewandtniß haben: wer ihrer Macht sich unterworfen fühlt, muß sie für verderblich halten. Gewiß läge es am nächsten, anzunehmen, das sei nun eben der Drang des Genie's, sich rücksichtslos überhaupt nur mitzutheilen: laut ertönt es in dir, laut soll es auch vor Anderen ertönen! Ja, man sagt, es sei die *Pflicht* des Genie's, der Menschheit zu Gefallen zu leben; wer sie ihm auferlegt hat, mag Gott wissen! Nur findet es sich, daß diese Pflicht ihm nie zum Bewußtsein kommt, und am allerwenigsten dann, wann das Genie eben in seiner eigensten Funktion des Schaffens begriffen ist. Aber hierum dürfte es sich dann nicht handeln; sondern, wann es geschaffen hat, dann soll es die Verpflichtung fühlen, den ungeheuren Vorzug, den es vor allen Sterblichen hat, dadurch nachträglich abzuverdienen, daß es sein Geschaffenes diesen anderen Sterblichen zum Besten giebt. Aber das Genie ist im Betreff der Pflicht das gewissenloseste Wesen: nichts bringt es aus ihr zu Stande, und ich glaube, ganz gewiß regelt sich durch sie auch sein Verkehr mit der Welt nicht. Sondern immer und immer bleibt es in seiner Natur: in dem Alleralbernsten, was es begeht, bleibt es Genie, und ich glaube, seinem Triebe, vor die Öffentlichkeit zu gelangen, liegt eher ein Beweggrund von mislicher moralischer Bedeutung unter, der nur ihm wiederum nicht zu klarem Bewußtsein gelangt, doch aber bedenklich genug ist, um den größten Künstler selbst einer verachtungsvollen Behandlung auszusetzen. Jedenfalls ist dieser Drang zur Öffentlichkeit schwer zu begreifen: jede Erfahrung läßt ihn empfinden, daß er sich in eine schlechte Sphäre begiebt, und daß es ihm nur dann einigermaßen glücklich ergehen kann, wenn er sich selbst einen schlechten Anschein zulegt. Das Genie, würde nicht Alles vor ihm davon laufen, wenn es sich in seiner göttlichen Nacktheit gäbe, wie es ist? Vielleicht ist dieß wirklich sein Instinkt; denn hegte es nicht die Überzeugung von seiner reinsten Keuschheit, wie würde ihn beim Schaffen ein etwa unzüchtiger Selbstgenuß entzücken können? Aber die erste Berührung mit der Welt nöthigt den Genius, sich zu umhüllen. Hier heißt die Regel: das Publikum will amüsirt sein, und du suche nun, unter der Decke des Amüsements das Deinige ihm beizubringen. Also könnte man sagen, die hierzu nöthige Selbstverleugnung solle das Genie aus dem Gefühle einer Pflicht gewinnen: denn die Pflicht enthält das Gebot, wie die Nöthigung, zur Selbstverleugnung, zur Selbstaufopferung. Aber welche Pflicht verlangt von dem Manne, er solle seine Ehre, von dem Weibe, es solle seine Schamhaftigkeit aufopfern? Im Gegentheil sollen sie, um dieser Willen, nöthigenfalls alles persönliche Wohlergehen daran geben. Mehr als dem Manne die Ehre, als dem Weibe die Schamhaftigkeit, ist aber das Genie eben sich selbst; und wird es in seinem eigenen Wesen, welches die Ehre und Scham nach allerhöchstem Maaße in sich schließt, im mindesten verletzt, so ist es eben nichts, gar nichts mehr.

Unmöglich kann es die Pflicht sein, was das Genie zu der schrecklichen Selbstverleugnung treibt, mit der es sich der Öffentlichkeit hingiebt. Hier muß ein dämonisches Geheimniß liegen. Er, der Selige, der Überglückliche, Überreiche, – geht betteln. Er bettelt um eure Gunst, ihr Gelangweilten, ihr Vergnügungssüchtigen, ihr eitlen Eingebildeten, ignorante Alleswisser, schlechtherzige, neidische, käufliche Rezensenten, und – Gott weiß! – aus was allem du dich noch zusammensetzen magst, du modernes Kunstpublikum, öffentliches Meinungsinstitut! Und welche Demüthigungen erträgt er! Der gemarterte Heilige lächelt verklärt: denn was keine Qual erreichen kann, ist eben die heilige Seele; es lächelt der verwundet durch die Nachtschauer sich dahinschleppende Krieger, denn was unversehrt blieb, ist seine Ehre, sein Muth; es lächelt das Weib, das tun seiner Liebe willen Schmach und Hohn erduldet: denn das Seelenheil, die Ehre, die Liebe sind nun erst recht verklärt und leuchten im höheren Glanze. Aber das Genie, das sich dem Hohne preisgiebt, weil es vorgeben mußte, *gefallen* zu wollen? – Wie glücklich und wohlgemacht hat sich die Welt zu preisen, daß die Qualen des Genie's ihr so unverhältnißmäßig wenig bekannt sein können!

Nein! Diese Leiden sucht Niemand aus Pflichtgefühl auf, und wer dieses sich einbilden wollte, dem erwüchse die Pflicht nothwendig aus einem sehr unterschiedenen Quelle. Das tägliche Brod, die Erhaltung einer Familie: das sind wichtige Triebfedern hierfür. Allein, diese wirken im Genie nicht. Diese bestimmen den Tagelöhner, den Handwerker; sie können auch den Mann von Genie bestimmen, zu handwerkern, aber sie können dieses nicht anspornen zu schaffen, noch auch eben das so Geschaffene zu Markte zu bringen. Hiervon ist jedoch die Rede, nämlich wie den Drang erklären, der mit dämonischer Sucht gerade dieses edelste, selbsteigenste Gut auf den öffentlichen Markt zu führen antreibt.

Gewiß geht hier eine Mischung geheimnißvoller Art vor sich, welche uns das Gemüth des hochbegabten Künstlers recht eigentlich als zwischen Himmel und Hölle schwebend zeigen müßte, wenn wir sie uns ganz verdeutlichen könnten. Unzweifelhaft ist hier der göttliche Trieb zur Mittheilung der eigenen inneren Beseligung an menschliche Herzen der Alles beherrschende und in den furchtbarsten Nöthen einzig kräftigende. Dieser Trieb nährt sich jederzeit durch einen Glauben des Genie's an sich, dem kein anderer an Stärke gleichkommt, und dieser Glaube erfüllt den Künstler wiederum mit dem Stolze, der ihn im Verkehr mit den Mühseligkeiten des Erdenjammers eben zu Falle bringt. Er fühlt sich frei, und will nun auch im Leben frei sein: er will mit seiner Noth nichts gemein haben; er will getragen sein, leicht und jeder Sorge ledig. Dieß darf ihm gelingen, wenn sein Genie allgemein anerkannt ist, und so gilt es, dieses zur Anerkennung zu bringen. Muß er auf diese Weise ehrgeizig erscheinen, so ist er es doch nicht; denn an der Ehre liegt ihm nichts; wohl aber an ihrem Genusse, der Freiheit. Nun begegnet er aber nur Ehrgeizigen, oder solchen, die mit dem Genusse auch ohne Ehre verlieb nehmen. Wie sich von diesen unterscheiden? Er geräth in ein Gemenge, in welchem er nothwendig für einen ganz Anderen gelten muß, als er in Wahrheit ist. Welcher ungemeinen Klugheit, welcher Vorsichtigkeit für jeden kleinsten Schritt bedürfte es hier, um jederzeit richtig zu gehen und dem Irrthum über sich zu wehren! Aber er ist die Unbeholfenheit selbst, und kann der Gemeinheit des Lebens gegenüber das Vorrecht des Genie's nur dazu verwenden, daß er sich in beständigen Widerspruch mit sich selbst verwickelt, und so, jeder Bosheit ein Spiel, seine ungeheure Begabung, die er in das Nichtswürdige selbst wirst, auf das Zweckloseste vergeudet. – Und in Wahrheit, er will nur frei sein, um sein Genie rein beglückend walten zu lassen. Das dünkt ihm eine so natürliche Forderung, daß er nie begreift, wie ihr Erfüllung versagt sein sollte: es kommt ja nur darauf an, der Welt das Genie klar zu manifestiren? Das, meint er immer, müsse ihm, wenn nicht morgen, so doch gewiß übermorgen gelingen. Als ob der Tod zu gar nichts da wäre! Und Bach, Mozart, Beethoven, Weber? – Aber es könnte doch einmal gelingen! – Es ist ein Elend! –

Und dabei sich so lächerlich auszunehmen! –

Sieht er sich selbst, den wir hier so vor uns sehen, endlich muß er über sich selber auch lachen. Und dieses Lachen ist vielleicht das Allergefährlichste für ihn, denn es macht ihn einzig immer wieder fähig, von Neuem den tollen Tanz zu beginnen. Worüber er lacht, ist aber wiederum etwas ganz Anderes, als worüber er verlacht wird: dieses ist Hohn, jenes ist Stolz. Denn er sieht sich eben selbst, und sein Selbstwiedererkennen in diesem infamen *Quid-pro-quo*, in welches er gerathen ist, stimmt ihn zu dieser ungeheuren Heiterkeit, deren nun wiederum kein Anderer fähig ist. So rettet ihn der Leichtsinn, um ihn immer schrecklicherem Leiden wieder zuzuführen. Er traut sich jetzt die Macht zu, mit dem Verderbniß selbst zu spielen: er weiß, er mag lügen so viel er will, seine Wahrhaftigkeit wird sich doch nie trüben, denn er fühlt es an jedem Nagen des Schmerzes, daß sie seine Seele ist; und zu seltsamem Troste ersieht er ja, daß keiner seiner Lügen geglaubt wird, daß er Niemand zu täuschen vermag. Wer soll ihn für einen Spaßmacher halten? – Warum aber giebt er sich davon dann den Anschein? Die Welt läßt ihm keinen anderen Ausweg, um ihm zur Freiheit zu verhelfen: diese (für das Verständniß der Welt hergerichtet) sieht nun nach nicht viel Anderem, als einfach nach – *Geld* aus. Dieß soll ihm die Anerkennung seines Genie's erwerben, und darauf ist das ganze tolle Spiel angelegt. Nun träumt er: »Gott! wenn ich Der oder Jener wäre! Z. B. *Meyerbeer!*« So träumte *Berlioz* kürzlich einmal, was er machen würde, wenn er einer jener Unglücklichen wäre, welche fünfhundert Franken für eine gesungene Romanze bezahlen, die nicht fünf Sous werth ist: da wollte er das beste Orchester der Welt nach den Ruinen von Troja kommen und dort von ihm sich die »*Sinfonia eroica*« vorspielen lassen. – Man sieht, wohin sich die Phantasie des genialen Bettlers versteigen kann! – Aber so etwas dünkt möglich. Es passirt einmal wirklich etwas ganz Ungemeines. Gerade *Berlioz* erfuhr es, als der wunderbar geizige *Paganini* ihm mit einem bedeutenden Geschenke huldigte. Nun gilt dergleichen für den Anfang. Jedem begegnet einmal solch' ein Anzeichen: es ist der Werbesold der Hölle; denn nun habt ihr nur noch den Neid über euch herauf beschworen: jetzt schenkt die Welt euch nicht einmal mehr Mitleid, denn: »euch ward ja mehr, als ihr verdientet«. –

Glücklich das Genie, dem nie das Glück lächelte! – Es ist sich selbst so ungeheuer viel: was soll ihm das Glück noch sein?

Das sagt er sich denn auch, lächelt und – lacht, stärkt sich von Neuem; es dämmert und taucht in ihm auf: neu erklingt es aus ihm heller und wonniger als je. Ein Werk, wie er es selbst nie geahnt, wächst und gedeiht in stiller Einsamkeit. Dieses ist es! Das ist das rechte! Alle Welt muß dieses entzücken: einmal es hören, und dann –! Da seht den Rasenden laufen! Es ist der alte Weg, der ihm jetzt neu und herrlich vorkommt: der Koth bespritzt ihn; hier prallt er gegen einen Lakay an, den er in seiner Pracht für einen General hält und ehrerbietig grüßt; dort gegen einen nicht minder würdigen Garçon der Bank, an dessen schwerem Geldsacke über der Schulter er sich die Nase blutig stößt. Das sind alles gute Anzeichen! Er rennt und stolpert, und endlich steht er wieder dort im Heiligthume seiner Schmach! Und Alles kommt und geht wieder: »denn« – singt Goethe – »alle Schuld rächt sich auf Erden«.

Und doch beschützt ihn ein guter Genius, wahrscheinlich sein eigener: denn ihm bleibt die Erfüllung seiner Wünsche erspart. Gelänge es einmal, würde er dort, in jenem wunderlichen Heiligthume, gut aufgenommen, was Anderes, als ein ungeheures Misverständniß, könnte ihm dazu verholfen haben? Welcher Hölle gliche die Qual der tagtäglich sanft sich vollziehenden Auflösung dieses Misverständnisses? Man hatte geglaubt, du wärest ein vernünftiger Mensch und würdest dich accomodiren, da du ja doch eben so dringend einen »Succes« wünschtest: hier ist er garantirt; mache nur dieß und jenes uns zurecht; da ist die Sängerin, da die Tänzerin, hier der große Virtuose: arrangire dich mit diesen! Da stehen sie, und gruppiren sich zu der wunderlich drapirten Pforte, durch welche du zu dem einen Großen, zu dem Publikum selbst gelangen sollst. Sieh', Jeder, der hier durchschritt und nun selig wurde, hat sein Opferchen gebracht. Wie, zum Teufel! hätte die »große« Oper es aushalten können, wenn sie mit Kleinigkeiten es so genau genommen hätte? –

Kannst du lügen? –

Nein! – –

Nun bist du verfallen, verachtet, wie in England die »Atheisten«. Kein anständiger Mensch redet mehr mit dir! –

Also: hoffe immer, daß dein guter Genius dir das erspart. – Lache, sei leichtsinnig, – aber dulde, und quäle dich: so wird Alles noch gut. –

Träume! Das ist das Allerbeste! –

7. Rossini's »Stabat mater«

Mit der Schilderung dieses wunderlichen Vorganges in der höchsten Pariser Musikwelt wendete sich unser Freund an Robert Schumann, welcher damals die »Neue Zeitschrift für Musik« herausgab, und darin den, mit einem unerklärlichen Pseudonyme unterzeichneten, humoristischen Bericht mit dem folgenden Motto einführte:

Das ist am allermeisten unerquickend,
Daß sich so breit darf machen das Unächte,
Das Achte selbst mit falscher Scheu umstrickend.

Rückert

In Erwartung anderer herrlichen musikalischen Dinge, die sich zum Genuß für das glorreiche Pariser Publikum vorbereiten, in Erwartung des »*Maltheser-Ritters*« von Halevy, des »*Wasserträgers*« von Cherubini, und endlich – ganz im düstern Hintergrunde – der »*blutigen Nonne*« von Berlioz, erregt und fesselt nichts so die fieberhafte Theilnahme dieser schwelgerischen Dilettanten-Welt, als – *Rossini's* Frömmigkeit. Rossini ist fromm, – alle Welt ist fromm, und die Pariser Salons sind Betstuben geworden. – Es ist außerordentlich! So lange dieser Mann lebt, wird er immer in der Mode sein. Macht er die Mode, oder macht sie ihn? Dieß ist ein verfängliches Problem. Wahr ist es, die Frömmigkeit hat schon seit längerer Zeit, zumal in der hohen Societät Wurzel gefaßt; – während in Berlin diesem Drange durch philosophischen Pietismus abgeholfen wird, während ganz Deutschland Felix Mendelssohn's musikalischer Religion sein Herz erschließt, wollen auch die vornehmen Pariser nicht zurückbleiben: schon seit einiger Zeit lassen sie sich von ihren geübtesten Quadrillen-Komponisten ganz vortreffliche *Ave Maria's* oder *Salve regina's* komponiren, mit Vorsicht und gutem Bedacht in zwei oder drei Stimmen aussetzen, sie selbst aber, Herzoginnen und Gräfinnen, lassen es sich angelegen sein, diese zwei oder drei Stimmen einzustudiren, und die vor Ehrfurcht und Gedränge stöhnende Masse ihrer Salon-Besucher damit zu erbauen. Dieser glühend fromme Drang hatte jenen löwenmüthigen Herzoginnen und Gräfinnen schon längst durch die herrlichen Korsetts hindurchgebrannt und gedroht, die kostbaren Spitzen und Blonden zu versengen, die früher bei dem Vortrage Püget'scher Romanzen sich so unschuldsvoll und leidenschaftslos auf dem keuschen Busen gewiegt hatten, als er endlich bei einer dazu sehr passenden Gelegenheit in helle Flammen aufloderte. Diese Gelegenheit war aber keine andere, als die Todtenfeier des Kaisers Napoleon im Invaliden-Dome; alle Welt weiß, daß zu dieser Todtenfeier die hinreißendsten Sänger der italienischen und französischen Oper sich bestimmt fühlten, Mozart's Requiem vorzutragen, und alle Welt sieht ein, daß dieß keine Kleinigkeit war. Vor Allen aber war die Pariser *hohe* Welt von dieser Einsicht hingerissen: sie ist gewohnt, vor dem Gesange *Rubini's* und der *Persiani* unbedingt dahinzuschmelzen, mit ersterbender Hand den Fächer zusammenzuschlagen, auf die Atlas-Mantille zurückzusinken, die Augen zu schließen und zu lispeln: »*c'est ravissant!*« Ferner ist sie gewohnt, nach den Erschöpfungen der Hingerissenheit die sehnsuchtsvolle Frage aufzuwerfen: von wem ist diese Komposition? Denn dieß zu wissen, ist nun einmal nothwendig, wenn man im Drange, es jenen Sängern nachzumachen, des andern Morgens den goldstrotzenden Jäger zum Musikhändler schicken will, um jene göttliche Arie oder jenes himmlische Duett holen zu lassen. Bei der strengen Pflege dieser Gewohnheit hatte die hohe Pariser Welt denn erfahren, daß es *Rossini, Bellini, Donizetti* waren, welche jenen berauschenden Sängern Gelegenheit geliefert hatten, sie nach Belieben dahinzuschmelzen; sie erkannte die Wichtigkeit dieser gefälligen Meister und liebte sie.

Nun wollte es das Schicksal Frankreichs, daß man sich anstatt im *Théâtre Italien* einmal im Dome der Invaliden versammeln mußte, um den angebeteten *Rubini* und die bezaubernde *Persiani* zu hören: das Ministerium der öffentlichen Angelegenheiten hatte in Erwägung der Umstände den weisen Beschluß gefaßt, es solle dießmal, anstatt *Rossini's Cenerentola, Mozart's* Requiem gesungen werden, und so fügte es sich denn von selbst, daß unsere dilettirenden Herzoginnen und Gräfinnen unvermerkt einmal etwas ganz Anderes zu hören bekamen, als sonst in der italienischen Oper. Mit der schönsten Vorurtheilslosigkeit fügten sie sich aber in Alles: sie hörten Rubini und die Persiani, – sie schmolzen dahin, anstatt der Fächer ließen sie den Muff sinken, sie lehnten sich auf einen kostbaren Pelz zurück (denn in der Kirche war es am 15. December 1840 kalt) – und ganz wie in der Oper lispelten sie: »*c'est ravissant!*« Andern Tages schickte man nach Mozart's Requiem, man schlug die ersten Blätter um: da erblickte man Koloraturen, – man versucht sie, – aber: »Hilf Himmel! Das schmeckt wie Arzenei!« – »Das sind Fugen!« »Gott! wo sind wir hingerathen!« »Wie ist das möglich? Das kann nicht das Rechte sein!« » Und doch!« – Was anfangen? – Man quält sich, – man versucht, – es geht nicht! – Aber fromme Musik muß doch einmal gesungen werden! Haben nicht *Rubini* und die *Persiani* fromme Musik gesungen? – Da kommen denn gütige Musikverleger, welche die Herzensangst der frommen Damen gewahren, zu Hülfe: »Hier ganz nagelneue lateinische Musiken von Clapisson, von Thomas, von Mompou, von Musard u.s.w. Alles für Sie eingerichtet! Eigens für Sie gemacht! Hier ein *Ave*! Hier ein *Salve*!«

Ach! wie es ihnen wohl ward, den frommen Pariser Herzoginnen, den inbrünstigen Gräfinnen! Alles singt lateinisch: zwei Soprane in Terzen, mitunter auch in den reinsten Quinten von der Welt, – ein Tenor *col Basso*! Die Seelen sind beruhigt, keine fürchtet mehr das Fegefeuer! –

Indeß, – Quadrillen von Musard oder Clapisson tanzt man *einmal*, – ihre *Ave*! und *Salve*! kann man mit gutem Anstande daher höchstens nur *zwei* mal singen; dieß ist aber zu wenig für die Inbrunst unserer hohen Welt; sie wünscht erbauliche Gesänge, die man zum Mindesten ebenso gut funfzig Mal singen kann, als die schönen Opern-Arien und Duetten Rossini's, Bellini's und Donizetti's. Nun hatte man zwar in einem Theaterberichte aus Leipzig gelesen, daß Donizetti's *Favorite* voll altitalienischen Kirchenstyles sei; dennoch hielt aber der Umstand, daß die Kirchenstücke dieser Oper anstatt auf lateinischen, auf französischen Text komponirt sind, unsere hohe Welt ab, ihrem inbrünstigen Drange durch Absingung derselben Luft zu machen, und der rechte Mann, dessen Kirchengesänge man mit gläubigem Vertrauen singen könnte, blieb immer noch zu suchen.

Um diese Zeit begab es sich, daß *Rossini* gegen zehn Jahre nichts mehr von sich hören ließ: er saß in Bologna, aß Gebackenes und machte Testamente. Bei den neuerlich im Prozesse der Herren *Schlesinger* und *Troupenas* stattgefundenen Debatten versicherte ein begeisterter Advokat, daß während jener zehn Jahre die musikalische Welt unter dem Schweigen des ungeheuren Meisters »*ächzte*«, und wir können annehmen, daß die Pariser *hohe* Welt bei dieser Gelegenheit sogar »*krächzte*«. Nichtsdestoweniger verbreiteten sich aber hier und da düstere Gerüchte über die außerordentliche Stimmung des Maëstro; bald hörte man, sein Unterleib sei sehr inkommodirt, bald – sein geliebter Vater sei gestorben; – das eine Mal berichtete man, er wolle Fischhändler werden, das andere Mal, er wolle seine Opern nicht mehr hören. Das Wahre an der Sache soll aber gewesen sein, daß er Reue fühle und Kirchenmusik

schreiben wollte; man stützte sich dabei auf ein altes bekanntes Sprüch-
wort, und in der That zeigte Rossini ein unwiderstehliches Verlangen,
die zweite Hälfte dieses Sprüchwortes wahr zu machen, da er die erste
Hälfte zu bewähren durchaus nicht mehr nöthig hatte. Die erste Anre-
gung zur Ausführung seines versöhnlichen Verhaltens scheint ihm in
Spanien angekommen zu sein: in Spanien, wo *Don Juan* die üppigsten
und zahlreichsten Gelegenheiten zur Sünde fand, sollte *Rossini* Anlaß
zur Reue bekommen.

Es war dieß auf einer Reise, die er mit seinem guten Freunde, dem
Pariser Banquier Herrn *Aguado*, machte; – man saß gemüthlich beisam-
men in einem herrlichen Reisewagen und bewunderte die Naturschön-
heiten, – Herr *Aguado* kaute Chocolade, *Rossini* aß Gebackenes. Da fiel
es plötzlich Herrn *Aguado* ein, daß er seine Landsleute eigentlich über
die Gebühr bestohlen habe, und reuig niedergeschlagen zog er die Chocolade aus dem Munde; – *Rossini* glaubte hinter einem so schönen Beispiele nicht zurückbleiben zu dürfen, er hielt mit dem Knappern ein,
und bekannte, daß er sein Lebtag zu viel auf Gebackenes gegeben habe.
Beide kamen darin überein, daß es ihrer Stimmung angemessen sei, vor
dem nächsten Kloster halten zu lassen, um irgend eine geeignete Buß-
übung zu veranstalten: gesagt, gethan. Der Prior des nächsten Klosters
kam den Reisenden freundlich entgegen: er führte einen guten Keller,
vortreffliche *Lacrymae Christi* und andere gute Sorten, was denn den
reuigen Sündern ganz ungemein behagte. Nichtsdestoweniger fiel es aber
Herren Aguado und Rossini, als sie in gehöriger Stimmung waren, ein,
daß sie eigentlich Bußübungen hatten veranstalten wollen: in Hast griff
Herr *Aguado* nach seinem Portefeuille, zog einige gewichtige Banknoten
hervor und dedizirte sie dem einsichtsvollen Abte. Auch hinter diesem
Beispiele seines Freundes glaubte *Rossini* nicht zurückbleiben zu dürfen, –
er zog ein starkes Heft Notenpapier hervor, und was er in aller Eile
darauf schrieb, war nichts weniger als ein ganzes *Stabat mater* mit großem Orchester; dieses *Stabat* schenkte er dem vortrefflichen Prior. Dieser
gab nun Beiden die Absolution, worauf sie sich wieder in den Wagen
setzten. Der ehrwürdige Abt wurde aber alsbald zu hohen Würden erhoben und nach Madrid versetzt, wo er denn nicht versäumte, das *Stabat*
seines reuigen Beichtkindes aufführen zu lassen, und sodann bei nächster
Gelegenheit zu sterben. Seine Testaments-Vollstrecker fanden unter
tausend hinterlassenen Merkwürdigkeiten auch die Partitur jenes zer-
knirschten *Stabat mater*, verkauften sie für einen nicht üblen Preis zum

Vortheil der Armen, und so kam denn durch Kauf und Verkauf diese gepriesene Komposition in den Besitz eines Pariser Musikverlegers.

Dieser Musikverleger nun, tief ergriffen von den zahllosen Schönheiten seines Besitzthums, auf der anderen Seite aber nicht minder gerührt durch die wachsende Pein ungestillter Religions-Inbrunst der hohen Pariser Dilettanten, entschloß sich zur Preisgebung seines Schatzes an die Öffentlichkeit, er ließ deshalb mit heimlicher Eile an das Graviren der Platten gehen, als auf einmal ein anderer Verleger erschien, welcher mit auffallender Grausamkeit seiner still betriebsamen Aufopferung Einhalt thun ließ. Dieser andere Verleger, ein hartnäckiger Mann mit Namen *Troupenas*, behauptete nun, bei weitem gegründetere Eigenthums-Rechte auf jenes *Stabat mater* zu haben, denn sein Freund Rossini habe ihm diese selbst verliehen, und zwar gegen die Zusendung einer unge-heuren Masse Gebackenes. Er gab ferner an, daß er dieses Werk schon seit vielen Jahren besäße und es nur deßhalb noch nicht veröffentlicht habe, weil *Rossini* sich vorgenommen, es erst noch mit einigen Fugen und einem Kontrapunkte in der Septime zu versehen, welches dem Meister aber gegenwärtig noch schwer falle, da er seine mehrjährigen Studien zu diesem Endzwecke noch nicht beendigt habe; nichtsdestowe-niger habe aber der Meister in den letzten Jahren schon eine so tiefe Einsicht in den doppelten Kontrapunkt gewonnen, daß ihm sein *Stabat* in der gegenwärtigen Gestalt durchaus nicht mehr behage, und er ent-schlossen sei, es um keinen Preis so, ohne Fuge und dergl., der Welt vorzulegen. Die Herrn *Troupenas* autorisirenden Briefe datiren sich leider aber erst aus der neuesten Zeit; somit würde es diesem Verleger schwer fallen, sein schon länger herstammendes Eigenthumsrecht nachzuweisen, wenn er nicht *darin* einen schlagenden Grund dafür aufzustellen glaubte, daß er anführt, wie er dieses *Stabat* bereits schon bei Gelegenheit der am 15. December 1840 stattgefundenen Todtenfeier des Kaisers Napoleon zur Aufführung im Invaliden-Dome vorgeschlagen habe.

Ein Schrei des Entsetzens und der Entrüstung fuhr durch alle hohen Salons von Paris, als das letztere bekannt wurde. Wie? – rief Alles: eine Komposition Rossini's war vorhanden, – sie ward vorgeschlagen, und du, Minister der öffentlichen Angelegenheiten, hast sie zurückgewiesen? Du hast gewagt, uns dafür das heillose Requiem von Mozart aufzubin-den? – In der That, das Ministerium zitterte, um so mehr, da es seiner ungemeinen Popularität wegen jenen höheren Ständen außerordentlich verhaßt ist; es fürchtete Absetzung, eine Anklage auf Hochverrath, und hielt es daher für angemessen, heimlich auszustreuen, das *Stabat mater* Rossini's würde zu der Todtenfeier des Kaisers gar nicht gepaßt haben, da sich der Text desselben mit ganz anderen Dingen befasse, als es sich hier geeignet haben würde, den Manen Napoleon's zu hören zu geben, u.s.w. – Daß dieß Alles nur faule Fische waren, glaubte man bald einzusehen; denn mit Grund wußte man einzuwenden, daß ja kein Mensch diesen lateinischen Text verstehe, und endlich – was käme es hier überhaupt auf Text an, wenn *Rossini's* erhabene Melodien von den entzückendsten Sängern der Welt gesungen werden sollten? –

Der Kampf der Parteien um das verhängnißvolle *Stabat mater* wüthet nun aber um so heftiger fort, als es sich noch um die zu erwartenden Rossini'schen *Fugen* handelt. Endlich also soll diese geheimnißvolle Kompositions-Gattung auch für die Salons der hohen Dilettanten zutrittsfähig gemacht werden! Endlich werden sie also erfahren, was denn eigentlich an diesem närrischen Zeuge ist, das ihnen in Mozart's Requiem den Kopf so verdrehte! Endlich werden sie sich also auch rühmen dürfen, *Fugen* zu singen, und diese Fugen werden so reizend und liebenswürdig sein, so delikat, so verhauchend! Und diese *Kontrapünktchen* – sie werden nun gar erst Alles närrisch machen, – sie werden aussehen wie Brüsseler Spitzen und duften wie Patchouli! – Wie? – und ohne diese Fugen, ohne diese Kontrapünktchen sollen wir das *Stabat* haben? Welche Schändlichkeit! Nein, wir wollen warten, bis Herr Troupenas die Fugen bekommt. – Himmel! – da kommt aber das *Stabat* schon aus Deutschland an! Fertig, geheftet, im gelben Umschlage! – Auch da giebt es Verleger, welche theures Backwerk dafür an Rossini versendet zu haben behaupten! Die Verwirrung soll denn kein Ende haben? Spanien, Frankreich, Deutschland schlagen sich um dieses *Stabat*: – Prozeß! Kampf! Tumult! Revolution! Entsetzen! –

Da entschließt sich Herr *Schlesinger*, einen freundlichen Strahl in die Nacht der Verwirrung hinauszusenden: er publizirt einen *Walzer Rossini's*. Alles streift die düsteren Falten von der Stirn, – die Augen erglänzen von Freude, – die Lippen lächeln: ach, welch' schöner Walzer! – Da kommt das Schicksal: – Herr *Troupenas* legt Beschlag auf den freundlichen Strahl! Das entsetzliche Wort: *Eigenthumsrecht* – grollt durch die kaum beruhigten Lüfte. Prozeß! Prozeß! Von Neuem Prozeß! Da wird Geld genommen, um die besten Advokaten zu bezahlen, um Dokumente herbeizuschaffen, um Caution zu stellen. – – – Oh, ihr närrischen Leute, habt ihr denn euer Geld nicht lieber? Ich kenne Jemand, der euch für fünf Franken fünf Walzer macht, von denen jeder besser ist als jener armselige des reichen Meisters!

Paris, den 15. December 1841.

Mit dem Vorstehenden beschließe ich die Mittheilung von Aufsätzen aus der Hinterlassenschaft meines Freundes, obgleich sich manches Besondere noch darunter vorfindet, was im heutigen feuilletonistischen Sinne vielleicht nicht ununterhaltend erscheinen dürfte. Hierunter befanden sich nämlich verschiedene Berichte aus Paris, deren leichtfertige Abfassung mir nur daraus erklärlich wurde, daß ich in ihnen Versuche zu erkennen glauben mußte, auf welche mein armer Freund sich einließ, um von irgend einem deutschen Journale durch amüsante Beiträge sich Subsidien zu verschaffen. Ob ihm dieß zu seiner Zeit gelungen sein mag, weiß Gott! Gewiß ist nur, daß eine bittere Empfindung mich davon abhielt, die aus dieser Noth entstandenen Correspondenz-Artikel hier einer näher beachtenden Nachwelt mitzutheilen.

Friede sei seiner reinen Seele!

Biographie

1813   *22. Mai:* Richard Wagner wird in Leipzig geboren. Er ist das neunte Kind des Polizeibeamten Karl Friedrich Wagner, welcher im November desselben Jahres verstirbt, und dessen Frau Johanna Rosine.

1814   Wagners Mutter heiratet den Maler und Schauspieler Ludwig Geyer und zieht mit der Familie nach Dresden um.

1821   Geyer, Wagners Stiefvater, stirbt.
Der Verlust der Vaterfiguren sollte später zu einem Leitmotiv in Wagners Werken werden.

1828   Wagner besucht das Nikolai-Gymnasium in Leipzig.
1830 geht er auf die Thomas-Schule.

1830   Seine »Ouvertüre in B-Dur« wird in Leipzig uraufgeführt.

1831   Er beginnt ein Musik-Studium an der Leipziger Universität, ab Herbst ist er Schüler des Thomaskantors Theodor Weinling.

1833   Wagner wird von seinem Bruder Albert Wagner als Chordirektor nach Würzburg geholt. Dort beginnt er bald mit der Arbeit an seiner ersten Oper, »Die Feen«, welche posthum 1888 in München uraufgeführt wird.

1834   Er wird Musikdirektor der »Magdeburger Theatergruppe Bethmann« in Lauchstädt.

1834   Wagner ist bis 1836 Musikdirektor in Magdeburg. In dieser Zeit wird die Oper »Das Liebesverbot« uraufgeführt.

1836   Wagner zieht nach Königsberg um, weil Minna Planer, die er in Magdeburg kennengelernt hat, dort engagiert ist.
24. November: Wagner heiratet die Schauspielerin Minna Planer.

1837   Nach einem kurzen Zwischenspiel als Musikdirektor in Königsberg nimmt er die Stelle des Musikdirektors in Riga an.

1839   Wagner hat Schulden gemacht und muß nun zusammen mit seiner Frau vor seinen Gläubigern aus Riga flüchten; diese Flucht führt ihn über Norwegen und London nach Paris, wo er die nächsten, für ihn entbehrungsreichen, drei Jahre verbringen und u.a. Giacomo Meyerbeer und Heinrich Heine kennenlernen wird.

1840   Die Novelle »Eine Pilgerfahrt zu Beethoven« wird veröffentlicht und Wagner schließt die Komposition »Rienzi« ab.

1842   Wagner kehrt nach Deutschland zurück.

20. Oktober: In Dresden wird »Rienzi« uraufgeführt. Die Oper wird als Meilenstein gefeiert.

1843   Der »Fliegende Holländer« wird mit Wagner als Dirigent uraufgeführt, verarbeitet wird hier u.a. Wagners Flucht von 1839, das Stück hatte er bereits in Paris fertiggestellt. Das Publikum reagiert verhalten.

2. Februar: Wagner wird zum Königlich Sächsischen Hofkapellmeister ernannt.

Während seiner Reisen und der Arbeiten an seinen Entwürfen beschäftigt sich Wagner mit alter deutscher Literatur und germanischer Mythologie.

1845   *19. Oktober:* Der »Tannhäuser« wird uraufgeführt. Auch dieses Stück findet eher gemäßigte Aufnahme.

1848   »Wie verhalten sich republikanische Bestrebungen dem Königtum gegenüber?«: Wagner verliest diese selbstgeschriebene Abhandlung im Dresdner Vaterlandsverein.

1849   Wagner lernt den Anarchisten Bakunin kennen und beteiligt sich in Dresden am Mai-Aufstand gegen die sächsischen und preussischen Truppen, Folge: ab dem 16. Mai wird er steckbrieflich gesucht. Ende Mai flieht er deswegen mit Hilfe von Franz Liszt nach Zürich. Bis 1858 wird er in seinem Schweizer Exil bleiben.

Seine programmatische Schrift »Das Kunstwerk der Zukunft« erschient in Leipzig.

1850   Der »Lohengrin« wird in Weimar uraufgeführt.

Das Pamphlet »Judentum in der Musik« erscheint.

1851   »Eine Mittheilung an meine Freunde«, eine weitere programmatische Schrift, erscheint.

1852   Die Schrift »Oper und Drama« erscheint in drei Bänden.

Wagner lernt Mathilde und Otto Wesendonck in Zürich kennen. Seine komplizierte Beziehung zu Mathilde sollte Einfluss auf den »Tristan« haben.

1853   Wagner lernt die 18jährige Cosima von Bülow, geb. Liszt, in Paris kennen.

1854   Studium von Schopenhauers Hauptwerk »Die Welt als Wille und Vorstellung«.

1855   Wagner geht für acht Konzerte als Dirigent nach London.

1857   Das Ehepaar Wesendonck richtet bei Zürich ein »Asyl« ein, in das Wagner für kurze Zeit einzieht.

1858 *17. August:* Wagner zieht aus dem »Asyl« aus und reist nach Venedig.

1860 Er gibt Konzerte in Brüssel und Paris.

      Juli: Wagner erhält politische Amnestie.

1861 *13. März:* In Paris bricht der »Tannhäuser-Skandal« aus.

1862 Er reist durch verschiedene Städte, z.B. Dresden, Wien und Karlsruhe. Am 7. November begegnen er und seine Frau Minna sich zum letzten Mal.

1863 Wagner gibt Konzerte u.a. in St. Petersburg, Prag, Budapest und Wien.

1864 Er hat erneut Schulden und muß nun aus Wien vor Gläubigern flüchten.

      4. Mai: Er wird nach München berufen und begegnet dort zum ersten Mal König Ludwig II. von Bayern.

1865 *Mai:* Cosima bringt Wagners erstes Kind, Isolde, zur Welt.

      Juni: »Tristan und Isolde« wird in München uraufgeführt.

1866 *25. Januar:* Seine Frau Minna stirbt in Dresden. Wagner mietet sich ein Haus am Vierwaldstätter See.

1868 *21. Juni:* Mit der Uraufführung der »Meistersinger« in München gelingt Wagner ein großer Erfolg.

      Im November lernt Wagner Nietzsche in Leipzig kennen.

1869 *6. Juni:* Siegfried Wagner wird geboren.

      »Das Rheingold« wird in München gegen Wagners Willen auf Befehl Ludwigs II. uraufgeführt.

1870 Die »Walküre« wird in München uraufgeführt.

      25. August: Richard Wagner heiratet Cosima in Luzern, nachdem sie sich wenige Wochen vorher von Wagners Freund Hans von Bülow hatte scheiden lassen.

1871 Fürst Bismarck empfängt Wagner.

1872 *22. Mai:* Zum Bau des Bayreuther Festspielhauses wird der Grundstein gelegt.

1874 *28. April:* Wagner zieht nach Bayreuth in das Haus Wahnfried.

1876 Wagners Honorarkomposition »Festmarsch zur Feier des 100jährigen Jubiläums der amerikanischen Unabhängigkeit« wird veröffentlicht.

      13. August: Die ersten Bayreuther Festspiele werden mit »Rheingold« eröffnet. Uraufführung von »Siegfried« und »Götterdämmerung«.

1877 In London gibt Wagner acht Konzerte in der Royal Albert Hall; Königin Victoria empfängt ihn auf Schloss Windsor.

1882 *26. Juli:* »Parsifal« wird im Bayreuther Festspielhaus bei den zweiten Festspielen uraufgeführt.

1883 *13. Februar:* Richard Wagner stirbt in Venedig an einem Herzleiden.

18. Februar: Er wird im Garten von Haus Wahnfried bestattet.

HOFENBERG

HOFENBERG

HOFENBERG

Dekadente Erzählungen

Im kulturellen Verfall des Fin de siècle wendet sich die Dekadenz ab von der Natur und dem realen Leben, hin zu raffinierten ästhetischen Empfindungen zwischen ausschweifender Lebenslust und fatalem Überdruss. Gegen Moral und Bürgertum frönt sie mit überfeinen Sinnen einem subtilen Schönheitskult, der die Kunst nichts anderem als ihr selbst verpflichtet sieht.

Rainer Maria Rilke Die Aufzeichnungen des Malte Laurids Brigge **Joris-Karl Huysmans** Gegen den Strich **Hermann Bahr** Die gute Schule **Hugo von Hofmannsthal** Das Märchen der 672. Nacht **Rainer Maria Rilke** Die Weise von Liebe und Tod des Cornets Christoph Rilke

ISBN 978-3-8430-1881-4, 412 Seiten, 29,80 €

Erzählungen aus dem Sturm und Drang

Zwischen 1765 und 1785 geht ein Ruck durch die deutsche Literatur. Sehr junge Autoren lehnen sich auf gegen den belehrenden Charakter der - die damalige Geisteskultur beherrschenden - Aufklärung. Mit Fantasie und Gemütskraft stürmen und drängen sie gegen die Moralvorstellungen des Feudalsystems, setzen Gefühl vor Verstand und fordern die Selbstständigkeit des Originalgenies.

Jakob Michael Reinhold Lenz Zerbin oder Die neuere Philosophie **Johann Karl Wezel** Silvans Bibliothek oder die gelehrten Abenteuer **Karl Philipp Moritz** Andreas Hartknopf. Eine Allegorie **Friedrich Schiller** Der Geisterseher **Johann Wolfgang Goethe** Die Leiden des jungen Werther **Friedrich Maximilian Klinger** Fausts Leben, Taten und Höllenfahrt

ISBN 978-3-8430-1882-1, 476 Seiten, 29,80 €

Erzählungen aus dem Sturm und Drang II

Johann Karl Wezel Kakerlak oder die Geschichte eines Rosenkreuzers **Gottfried August Bürger** Münchhausen **Friedrich Schiller** Der Verbrecher aus verlorener Ehre **Karl Philipp Moritz** Andreas Hartknopfs Predigerjahre **Jakob Michael Reinhold Lenz** Der Waldbruder **Friedrich Maximilian Klinger** Geschichte eines Teutschen der neusten Zeit

ISBN 978-3-8430-1883-8, 436 Seiten, 29,80 €

Karl-Maria Guth (Hg.)

Erzählungen der Frühromantik

HOFENBERG

Erzählungen der Frühromantik

1799 schreibt Novalis seinen Heinrich von Ofterdingen und schafft mit der blauen Blume, nach der der Jüngling sich sehnt, das Symbol einer der wirkungsmächtigsten Epochen unseres Kulturkreises. Ricarda Huch wird dazu viel später bemerken: »Die blaue Blume ist aber das, was jeder sucht, ohne es selbst zu wissen, nenne man es nun Gott, Ewigkeit oder Liebe.«

Tieck Peter Lebrecht **Günderrode** Geschichte eines Braminen **Novalis** Heinrich von Ofterdingen **Schlegel** Lucinde **Jean Paul** Des Luftschiffers Giannozzo Seebuch **Novalis** Die Lehrlinge zu Sais
ISBN 978-3-8430-1878-4, 416 Seiten, 29,80 €

Karl-Maria Guth (Hg.)

Erzählungen der Hochromantik

HOFENBERG

Erzählungen der Hochromantik

Zwischen 1804 und 1815 ist Heidelberg das intellektuelle Zentrum einer Bewegung, die sich von dort aus in der Welt verbreitet. Individuelles Erleben von Idylle und Harmonie, die Innerlichkeit der Seele sind die zentralen Themen der Hochromantik als Gegenbewegung zur von der Antike inspirierten Klassik und der vernunftgetriebenen Aufklärung.

Chamisso Adelberts Fabel **Jean Paul** Des Feldpredigers Schmelzle Reise nach Flätz **Brentano** Aus der Chronika eines fahrenden Schülers **Motte Fouqué** Undine **Arnim** Isabella von Ägypten **Chamisso** Peter Schlemihls wundersame Geschichte **Hoffmann** Der Sandmann **Hoffmann** Der goldne Topf
ISBN 978-3-8430-1879-1, 408 Seiten, 29,80 €

Karl-Maria Guth (Hg.)

Erzählungen der Spätromantik

HOFENBERG

Erzählungen der Spätromantik

Im nach dem Wiener Kongress neugeordneten Europa entsteht seit 1815 große Literatur der Sehnsucht und der Melancholie. Die Schattenseiten der menschlichen Seele, Leidenschaft und die Hinwendung zum Religiösen sind die Themen der Spätromantik.

Brentano Die drei Nüsse **Brentano** Geschichte vom braven Kasperl und dem schönen Annerl **Hoffmann** Das steinerne Herz **Eichendorff** Das Marmorbild **Arnim** Die Majoratsherren **Hoffmann** Das Fräulein von Scuderi **Tieck** Die Gemälde **Hauff** Phantasien im Bremer Ratskeller **Hauff** Jud Süss **Eichendorff** Viel Lärmen um Nichts **Eichendorff** Die Glücksritter
ISBN 978-3-8430-1880-7, 440 Seiten, 29,80 €

Erzählungen aus dem Biedermeier

Biedermeier - das klingt in heutigen Ohren nach langweiligem Spießertum, nach geschmacklosen rosa Teetässchen in Wohnzimmern, die aussehen wie Puppenstuben und in denen es irgendwie nach »Omma« riecht.

Zu Recht. Aber nicht nur.

Biedermeier ist auch die Zeit einer zarten Literatur der Flucht ins Idyll, des Rückzuges ins private Glück und der Tugenden. Die Menschen im Europa nach Napoleon hatten die Nase voll von großen neuen Ideen, das aufstrebende Bürgertum forderte und entwickelte eine eigene Kunst und Kultur für sich, die unabhängig von feudaler Großmannssucht bestehen sollte.

Georg Büchner Lenz **Karl Gutzkow** Wally, die Zweiflerin **Annette von Droste-Hülshoff** Die Judenbuche **Friedrich Hebbel** Matteo **Jeremias Gotthelf** Elsi, die seltsame Magd **Georg Weerth** Fragment eines Romans **Franz Grillparzer** Der arme Spielmann **Eduard Mörike** Mozart auf der Reise nach Prag **Berthold Auerbach** Der Viereckig oder die amerikanische Kiste

ISBN 978-3-8430-1884-5, 444 Seiten, 29,80 €

Erzählungen aus dem Biedermeier II

Annette von Droste-Hülshoff Ledwina **Franz Grillparzer** Das Kloster bei Sendomir **Friedrich Hebbel** Schnock **Eduard Mörike** Der Schatz **Georg Weerth** Leben und Taten des berühmten Ritters Schnapphahnski **Jeremias Gotthelf** Das Erdbeerimareili **Berthold Auerbach** Lucifer

ISBN 978-3-8430-1885-2, 440 Seiten, 29,80 €

Erzählungen aus dem Biedermeier III

Eduard Mörike Lucie Gelmeroth **Annette von Droste-Hülshoff** Westfälische Schilderungen **Annette von Droste-Hülshoff** Bei uns zulande auf dem Lande **Berthold Auerbach** Brosi und Moni **Jeremias Gotthelf** Die schwarze Spinne **Friedrich Hebbel** Anna **Friedrich Hebbel** Die Kuh **Jeremias Gotthelf** Barthli der Korber **Berthold Auerbach** Barfüßele

ISBN 978-3-8430-1886-9, 452 Seiten, 29,80 €